BILDFOLGE – Farbbildreise durch Deutschland
CONTENTS – A pictorial journey through Germany
CONTENU – Un voyage photographique á travers l'Allemagne

HORST ZIETHEN

KULTUR- UND BILDERREISE DURCH

DEUTSCHLAND
GERMANY
L'ALLEMAGNE

Mit einem Einleitungstext von
PETER VON ZAHN

Z℣P ZIETHEN-PANORAMA VERLAG

© Copyright by:

ZIETHEN-PANORAMA VERLAG
D-53902 Bad Münstereifel · Flurweg 15
Telefon: 0 22 53 - 60 47 · Fax: 0 22 53 - 67 56
www.ziethen-panoramaverlag.de

überarbeitete Auflage 2006
2. Auflage / 2. Sprachenfassung Ital./Span./D
2. Auflage / 3. Sprachenfassung Chin. /E/Jap.

Redaktion und Buchgestaltung: HORST ZIETHEN
Einleitungstext: PETER VON ZAHN

Bildbegleitende Texte und Fremdsprachenübersetzung in:
Englisch und Französisch by Ziethen Panorama Verlag
Italienische Übersetzung: Kerstin Finco
Spanische Übersetzung: Dr. José Garcia
Japanische Übersetzung: Norio und Ryoko Shima
Chinesische Übersetzung und satztechnische Verarbeitung
in Chinesisch und Japanisch: FRANK Sprachen & Technik GmbH

Lithohestellung: ZIETHEN-MEDIEN GmbH & Co KG
www.ziethen.de

Printed in Germany

  I. Sprachenfassung - D/E/F   ISBN 3-929932-94-6
 II. Sprachenfassung - Ital./Span./D ISBN 3-929932-95-4
III. Sprachenfassung - Chin./E/Jap. ISBN 3-934328-98-9

BILDNACHWEIS / TABLE OF ILLUSTRATIONS / TABLE DES ILLUSTRATIONS

Seiten:

Horst Ziethen	30, 31(2), 45 , 46, 60, 66 u. Titel D, 67, 68, 69(2), 71, 73, 74, 75, 77, 79, 80, 83, 84, 87 u. Rücktitel, 91, 93, 103
Fridmar Damm	32, 35, 41 u. Titel A, 48, 50, 52, 59
DLB / Bernhard Lisson	20, 21, 23, 24, 36, 38, 40, 44, 47, 49, 51, 63, 88
BA Schapowalow:	95 u. Titel C, 106
Stuttgarter Luftbild / Elsässer	34, 61, 64, 76, 82, 92, 101, 102
BA Mauritius	85, 98, 99, 100, 108
Fotoagentur Helga Lade	19, 33, 42
Xeniel-Dia	28, 104, 107
Werner Otto	39, 65, 72, 81
RODRUN/ Knöll	54, 89, 94
Fotografie Punctum	56, 57, Titel B

Greiner & Meyer: 25 · Schapowalow/Mader: 22 , -/Waldkirch: 26, -/Huber: 27 ·
Wolfram Weber: 29 · BA Silvestris: 35 Schütze/Rodemann: 37 · Zenit/Langrock: 43 ·
Karl Kinne: 53 · Manfred Lohse: 55 · Jürgens Ost- u.Europa-Foto: 58 · H.P. Merten: 62 ·
Michael Jeiter: 69 l. · Erich Justra: 70 · Landesmedienzentrum. Rheinland-Pfalz: 78 ·
Fritz Mader: 86 · Manfred Stock: 90 BA Rudolph: 96 · Josef Beck: 97 · BA Zefa: 105

Karten-Nachweis:

Auf den Vor- und Nachsatzseiten ist jeweils die halbe Höhe von Deutschland
abgebildet - entnommen von der Berann-Deutschland-Panorama-Karte -
erschienen by © Mairs Geographischer Verlag.

Peter von Zahn

DEUTSCHLAND – ein Märchen

Es ist nicht einfach, festen Boden unter den Füßen zu gewinnen, wenn man von Deutschland spricht. Im Norden, wo wir unsere Betrachtung beginnen, ist es eben erst aus dem Meer gestiegen. „Eben erst" heißt, dass es noch vor wenigen zehntausend Jahren von einer dichten Eiskruste bedeckt war, wie eine Sandtorte von Zuckerguss. Der Fachmann sieht es dem Lande an: Das Eis hat abgeschliffenes Felsgeröll hinterlassen, als es schmolz und sich zurückzog.

Das Nordmeer reichte bis in unsere historische Zeit tief ins Land hinein. Wo jetzt in Schleswig-Holstein eine flache, grüne Ebene über einen Brandungsstreif aufs Wasser blickt, zeigen die Karten des späten Mittelalters ein Inselgewirr. Nur allmählich verwandelte es sich durch Eindeichungen in zusammenhängendes Land. So richtig fester Boden war das nicht, er konnte jederzeit wieder ans Meer verlorengehen. Die Sagen der Nordseeküste erzählen von Wasser und Sturm und dem unablässigen Kampf des Menschen um sein Stückchen Land und die Weide für das Vieh.

Der Menschenschlag, der sich hier bildete, hat eine Menge Ecken und Kanten. Die Häuser stehen einzeln auf niedrigen Bodenerhebungen. Manche standen da schon vor tausend Jahren. Bei einer Sturmflut klopft das Meer an Tür und Küchenfenster und versucht das Stroh aus dem Dach zu reißen. Eine Kette von Inseln ist dem Festland vorgelagert. Das Leben ihrer Bewohner würde sich heute fast noch so abspielen wie einst in zeitloser Einsamkeit, wenn nicht seit hundert Jahren im Sommer ein immer stärkerer Sturm vom Festland herwehte – dann überschwemmt die Flut der Urlauber die Inseln an der Nordseeküste. Leute aus dem Binnenland tummeln sich in der Brandung und liegen erst blass und dann braun im Sand der Dünen. Zu Herbstanfang haben sie eine Stange Geld hinterlassen, die den Einheimischen beim Nachzählen ein lächelndes Kopfschütteln abnötigt.

GERMANY – the country and the people

It is not easy to feel you are on safe ground when you are talking about Germany. We start our journey in the north, where Germany has just emerged from the waves. The "just" in this context is in geological terms, for till a few tens of thousands of years ago there was a solid layer of ice covering this area like icing on a cake. An expert can tell this simply by looking at the landscape: the receding ice left behind a debris of smooth boulders as it melted.

The North Sea extended far inland within historical times. Where now the flat green plain of Schleswig-Holstein looks out to sea over a line of foam, late medieval maps show a confusion of islands. The building of dykes gradually integrated them into the mainland, although the sea often tried to reclaim it has its own. The legends of the North Sea coast tell of water and storms and the constant struggle of the people to retain their plots and their pastures.

They are a tough, rough-edged breed that has developed in this region. Look at their houses, standing singly on low humps where houses have probably stood for a thousand years. A storm at high tide will send the waves battering at the door, beating at the kitchen window, trying to tear the thatch from the roof. On the string of islands in front of the coast, the timeless solitude of people's lives would scarcely have changed over the years if there had not been a new invasion in the past century: A summer storm blowing in from the mainland, an ever-increasing torrent of tourists overflowing on to the islands of the North Sea coast. The landlubbers frolic in the waves and stretch themselves out, in various shades from white to brown, on the sand of the dunes. When autumn comes around it will wring a rueful grin from the faces of the locals as they shake their heads over the piles of money the trippers have left behind.

L'ALLEMAGNE – un vrai pays de cocagne

Il est difficile de garder les deux pieds sur la terre ferme quand on parle de l'Allemagne. Dans le Nord du pays, où ce récit commence, la terre vient juste de sortir de la mer. C'est-à-dire qu'un épais manteau de glace la recouvrait encore il y a à peine 10 000 ans. Le connaisseur s'en apercevra tout de suite au paysage encore profondément marqué par les derniers glaciers: leurs eaux de fonte ont laissé des éboulis de rocher polis.

Il n'y a pas encore très longtemps, la Mer du Nord s'avançait loin dans le pays. Dans la région de Schleswig-Holstein, la côte verdoyante, aujourd'hui séparée de la mer par un déferlement de houle, était encore un enchevêtrement d'îles à la fin du Moyen Age. Des endiguements changèrent progressivement le caractère du paysage. Mais la terre n'était toujours pas très ferme. La mer pouvait la reprendre à n'importe quel moment. Les légendes de la région évoquent des histoires de houle et de tempêtes et parlent de la lutte incessante que l'homme devait livrer pour conserver son champ et le pré de sa vache.

La souche d'hommes qui s'installa en ces lieux était rude et coriace. Les maisons se dressent, solitaires, sur de minces élévations de terrain. Quelques-unes s'y trouvaient déjà il y a plus de mille ans. Quand la tempête fait rage, la mer vient cogner aux portes et aux fenêtres et tente d'arracher la chaume des toits. Une chaîne d'îles s'étend au large du continent. Leurs habitants y vivaient encore comme autrefois, dans une solitude éternelle, si une foule de vacanciers ne venait les envahir depuis un siècle. Ce flot humain, en provenance de la terre ferme, se rue sur les îles et dans les vagues. Des corps pâles qui changent peu à peu de couleur recouvrent le sable des dunes. A l'automne, les insulaires comptent le bel argent qu'ils ont gagné avec des hochements de tête amusés.

Les paysages ne sont pas aussi rudes le long des rivages sableux de la mer Baltique.

Nicht ganz so stürmisch geht es an den langen, sandigen Küsten der Ostsee zu. Die Natur ist hier zahmer, der Wellengang schwächer. Die Inseln und Halbinseln, die dem Lande vorgelagert sind, ähneln Trittsteinen, über die man bequem nach Dänemark und Schweden gelangt. Wie an der Nordsee sind auch an der Ostsee auf dem Darß oder hinter den Steilküsten der Insel Rügen die Zimmervermieter im Winter unter sich, fahren zum Fischfang, melken das Vieh und trinken schon am Nachmittag ihren Tee mit viel Rum darin.

Wir nehmen jetzt etwas vorweg: Die Deutschen trinken Rum nur in Küstennähe. Landeinwärts genehmigen sie sich zum Bier einen Klaren, weiter im Süden nach dem Bier einen Obstler-Schnaps. Den trinken sie auch im Westen des Landes. Aber nicht, um dem Bier nachzuhelfen, sondern abwechselnd mit Wein. Es gibt Provinzen, zum Beispiel am Main in Franken, wo zwischen Wein und Bier tagein, tagaus eine schwierige Wahl zu treffen ist. Und es gibt Landstriche, etwa bei Köln, wo obergäriges und untergäriges Bier um den Gaumen des Reisenden kämpfen.

Der Reisende tut gut daran, sich an die Getränke der Gegend zu halten, in der er sich gerade aufhält. Nur dort entwickeln sie ihren vollen Geschmack. Will er aber Champagner oder schottischen Whisky, so sind auch die flugs zur Stelle. Es gibt nichts, was es in der Bundesrepublik nicht zu kaufen gäbe. Damit ist keine allgemeine Korruption angedeutet. Aber puritanische Beschränkungen der Lebensfreude zu gewissen Tageszeiten oder an bestimmten Tagen, so wie man sie in angelsächsischen und skandinavischen Ländern für angebracht hält, bleiben dem Reisenden durch das Schlaraffenland zwischen Nordsee und Alpen erspart.

Es hat Zeiten in Europa gegeben, da liefen die Leute zusammen, um die Deutschen saufen zu sehen. Das ist vorbei.

On a map, the chain of islands and peninsulas marking Germany's Baltic coastline looks like a row of convenient stepping-stones to Denmark and Scandinavia. The long, sandy Baltic shore is less windswept than that of the North Sea, the landscape less harsh, the waves less savage. Those who let rooms all along the Baltic and along the steep cliffs of the island of Ruegen are left to themselves at the end of the season. They go fishing, milk the cows and exchange tall stories over an afternoon drink of tea laced with rum.

Let's make a short digression: It is only around the coasts that the Germans drink rum. Further inland they will follow their beer with a chaser of clear schnapps, or "Klarer", while in the south the beer alternates with "Obstler", schnapps distilled from fruit. In the west the Obstler is taken to wash down not beer but wine. There are provinces, Franconia on the Main for example, where you can be faced day in, day out, with the knotty problem of choosing the products either of the vineyards or the breweries, and there are other parts, like the Cologne area, where the traveller struggles to decide which of two fermentation processes will provide him with the glass of beer to his taste.

The visitor in Germany, wherever he may find himself, will do well to stick to locally-produced drinks, for the simple reason that they develop their best qualities in their place of origin. Not that champagne and Scotch are unavailable; you can buy alcohol any time, anywhere. It is simply that the puritanical conception of preventing people enjoying themselves at certain times or on certain days, as is thought proper in Anglo-Saxon and Scandinavian lands, just doesn't exist when you roam through that enchanted land between the North Sea and the Alps.

There used to be times in German history when people flocked to watch the Germans drink themselves under the table. No longer.

La nature y est plus souriante, les flots moins menaçants. Les îles et presqu'îles de la côte offrent des passages faciles vers le Danemark ou la Suède. Tout comme les habitants de la mer du Nord, ceux de la mer Baltique se retrouvent entre eux quand les estivants sont partis. Sur les Darss ou à l'abri des falaises de l'île Ruegen, ils partent à la pêche, traient les vaches et dès l'après-midi, boivent leur thé arrosé de larges rasades de rhum.

Abordons maintenant les régions du continent. Les Allemands ne boivent du rhum que sur les côtes. C'est la bière qui l'emporte à l'intérieur du pays. Les habitants dans le Sud l'accompagnent d'une eau-de-vie qui est à base de fruits. On la consomme également dans les contrées de l'Ouest, mais là, elle n'aide pas à faire digérer la bière. On l'alterne avec le vin. Dans certaines provinces comme dans la vallée du Main, la journée commence avec un choix difficile: boira-t-on de la bière ou du vin aujourd'hui? Dans d'autres endroits, à Cologne par exemple, la bière à fermentation haute et celle à fermentation basse rivalisent pour obtenir les faveurs des visiteurs.

Le visiteur ferait bien de se concentrer sur les spécialités des régions car elles ne développent leur plein bouquet qu'en milieu original. Il n'aura bien sûr aucune difficulté à se faire servir du champagne ou du whisky s'il en veut absolument. Tout s'achète en République fédérale. Cette remarque ne sous-entend pas une corruption générale; seulement les restrictions puritaines des pays anglo-saxons et scandinaves sont épargnées à l'explorateur de ce pays de cocagne niché entre la Mer du Nord et les Alpes.

Il fut un temps en Europe où les gens accouraient pour voir les Allemands s'enivrer. Celui qui se rend à la fête d'octobre de la bière à Munich, participe à la joie générale et après quelques chopes,

Wer zum Oktoberfest nach München geht, beteiligt sich nach wenigen Maß Bier an der allgemeinen Fröhlichkeit und verliert den prüfenden Blick für völkerkundliche Eigentümlichkeiten. Die viel gerühmte Trinkfestigkeit der Burschenschaftler in Heidelberg oder Bonn ist ein Ding des vergangenen Jahrhunderts. Vielmehr sieht man dort Studenten und Dozenten morgens heimkehren, berauscht von einem Dauerlauf über fünf Kilometer. Danach trinken sie höchstens ein Wässerchen aus den vielen Mineralquellen des Landes.

Das Unerwartete ist in Deutschland die Regel. Dem langjährigen französischen Botschafter Jean François-Poncet wird die Äußerung zugeschrieben: „Wenn man von einem Deutschen erwartet, dass er sich teutonisch gibt, reagiert er wie ein Römer. Versucht man es dann mit lateinischer Logik, entschlüpft er plötzlich mit slawischem Charme".

Im Hexenkessel der Jahrhunderte wurden die Gene der Deutschen durcheinandergewirbelt. Deutschland wurde ein Sammelsurium europäischer Eigentümlichkeiten. Seine Zivilisation entstammt dem römischen Weltreich. Von da kam mit dem Wein auch das Christentum zu den Germanen, die es den slawischen Stämmen an der Elbe und Oder weitergaben. An Feuer und Blut wurde dabei nicht gespart. Vielleicht, damit sich das Kreuz besser einpräge.

Kehren wir noch einmal zu den Bewohnern der Küsten an Ost- und Nordsee zurück. Die Römer sind mit ihrer tüchtigen Militärverwaltung nie in die norddeutsche Tiefebene gelangt. Die Nachkommen der ungezähmten Germanen, die dort lebten, pochen auf ihre Unabhängigkeit und vergessen nicht, auf den Giebeln ihrer riesigen Fachwerkhäuser gekreuzte Pferdeköpfe anzubringen – nicht gerade ein christliches Symbol. Sie nannten sich Sachsen oder hießen Angeln. Als Vorläufer der skandinavischen Wikinger besiedelten sie ein beträchtliches Stück von England.

A trip to Munich's Oktoberfest will result in the consumption of a few beers, after which the visitor is swept into the general festivities and abandons his discerning scrutiny of the eccentricities of the natives. Even the legendary hard drinkers among the student fraternities of Bonn and Heidelberg belong to the last century. These days you are more likely to spot students and lecturers staggering homewards in the morning after a five-kilometre jogging stint to quench their thirst with a bottle of mineral water from one of Germany's numerous springs.

In this country the unexpected is the rule. There is a saying attributed to a French Ambassador of long service, Jean François-Poncet: "Just when you think a German is going to get Teutonic, he starts behaving like a Roman. If you then try to confound him with Latin logic, he'll slip rapidly through the net with a deal of Slavic charm." A hodgepodge of genes has indeed boiled and bubbled in the cauldron of Germany's past. A perceptive observer can hold the brew to the light and draw his own conclusions – that the Germans are made up of a conglomeration of European quirks. Their civilisation has its roots in the Roman Empire. Along with wine, the Romans also brought Christianity to the Germans, who in turn passed it eastwards to the Slavic tribes on and beyond the Elbe. This often had to be achieved by fire and sword but one imagines the Cross thus made a lasting impression.

Let's return to Germany's coastline. The Romans with their efficient military machine never reached the peoples of the North German Plain. The present population, descendants of those wild Germanic tribes, pride themselves on their independence and never forget to mount crossed horses' heads on the gables of their huge half-timbered houses – hardly a Christian tradition. They used to call themselves Angles, or Saxons, and, even before the Vikings of Scandinavia, they sailed west to found settlements throughout England.

ne cherche plus d'un regard inquisiteur à découvrir les attributs distinctifs du peuple allemand. En outre, les célèbres beuveries des Confréries d'étudiants de Bonn ou d'Heidelberg ne sont plus elles aussi que des souvenirs rattachés au siècle dernier. Aujourd'hui, on voit maîtres et étudiants, enivrés par cinq kilomètres de jogging matinal, se rafraîchir le gosier avec une eau minérale provenant des nombreuses sources du pays.

L'inattendu forme la règle en Allemagne. Jean François-Poncet, aurait déclaré: «Quand on attend d'un Allemand qu'il se conduise à la teutone, il réagit comme un Romain. Et si l'on essaie alors d'appliquer la logique latine, il s'échappe soudain dans le charme slave.»

Les guerres des siècles derniers ont fait un véritable brassage des gènes des Allemands. L'observateur perspicace peut toutefois les différencier. Les Allemands constituent un salmigondis de caractéristiques européennes. Leur civilisation provient de l'Empire romain, lequel a également apporté le vin en même temps que le christianisme. Ce dernier a été propagé dans les tribus slaves de l'Elbe et les régions de l'Ouest à coups de luttes sanguinaires, sans doute afin de mieux implanter la croix.

Retournons aux habitants des côtes de la Mer du Nord et de la Mer Baltique. Malgré leur administration militaire des plus efficaces, les Romains ne parvinrent jamais aux fins fonds du Nord de l'Allemagne. Les descendants des Germains renégats qui habitent encore ces régions, s'enorgueillissent de leur indépendance et fixent allégrement des têtes de chevaux crucifiés aux pignons de leurs immenses maisons à colombage. Un symbole que l'on ne peut qualifier de chrétien… Leurs ancêtres se nommaient Angles ou Saxons. Après que ces prédécesseurs des Vikings scandinaves eurent colonisé un bon morceau de l'Angleterre, ils entrèrent comme Anglo-Saxons dans la grande chronique du monde.

Damit gingen sie als Angelsachsen in die Weite der Weltgeschichte ein. Sie gaben ihr einen Verlauf, den die daheimgebliebenen Sachsen nicht ahnen konnten.

Nach der zwangsweisen Bekehrung durch Karl den Großen wurden sie in östlicher Himmelsrichtung tätig und brachten den slawischen Stämmen zwischen Ostsee und Elbe das Vaterunser bei. Sie bauten Festungen und klobige Wehrkirchen, von denen die eine oder andere heute noch steht. Ihr bedeutendster Herzog hieß mit Beinamen „der Löwe". Seine Frau war eine englische Prinzessin, die vermutlich einen halben Kopf größer war als der streitbare Ehegemahl. Man kann die beiden in Stein gehauen im Dom von Braunschweig liegen sehen und muss sich vorstellen, dass unter ihrer Herrschaft der große Prozess der Mischung zwischen Germanen und Slawen begann. Er hat sich fortgesetzt bis in unser Jahrhundert. Die Bürgerhäuser in Lübeck, Hamburg und Bremen sahen die blonden Dienstmädchen mit den breiten Backenknochen aus den Dörfern Mecklenburgs recht gern und ließen sie mehr sein als nur das Aschenbrödel. Man lese das nach in den „Buddenbrooks" bei Thomas Mann.

Einwanderer vom Rhein und vom Main kamen. Sie gründeten inmitten der slawischen Dörfer zwischen Elbe und Weichsel ihre Städte nach deutschem; Klosterschulen nach lateinischem und Verwaltungskanzleien nach römischem Recht. Sie heirateten. Sie vererbten ihren Kindern eine gut singbare Sprache. Ihr Adel nannte sich nach den slawischen Namen der Güter, die er sich nahm. Wenn er sich vorstellte, klang es wie Vogelgezwitscher im Frühling. Zitzewitz? Nein, Itzenplitz!

Lübeck an der Ostseeküste war drei Jahrhunderte lang das Zentrum der Hanse – eines Vereins, den man als einen gelungenen Vorläufer der heutigen Europäischen Gemeinschaft bezeichnen kann. Es war ein Sicherheitsbund der Kaufmanns-Städte.

From there, they launched themselves as Anglo-Saxons, into the world to change the course of history in ways undreamt of by those who never crossed the Channel.

It was Charlemagne who eventually made Christianity compulsory in the north. After that the converted strode off, eastwards this time, to impose the Lord's Prayer on the Slavs between the Baltic and the Elbe. They built great strongholds and fortress-like churches, some of which stand to this day. Their most illustrious duke Henry was nicknamed "the Lion". His wife, an English princess, was apparently half a head taller than her belligerent husband. Their effigies lie in Brunswick Cathedral and when you contemplate the stone monument, it is worth remembering that it was under their rule that the great process of integration between Germanic and Slavic tribes first began, a process that has continued into our own century. The patricians of Luebeck, Hamburg and Bremen used to cast a friendly eye on the blonde, broad-cheeked maidservants from the east, and accepted them as something more than mere Cinderellas. Interested readers may turn to Thomas Mann's novel "Buddenbrooks" for further enlightenment.

The Slavs were also invaded by the peoples from the Rhine and Main who established towns among the Slav villages between Elbe and Weichsel. They founded these towns, while their schools were based on a Latin tradition and their administration on Roman law. They married and passed on to their offspring a tuneful sort of dialect. Their nobility would call themselves after the Slavic names of the estates they had seized. When they introduced themselves, it sounded like the twitterings of birds in spring. Zitzewitz, you said your name was? Itzenplitz, I beg your pardon!

The ancient port of Luebeck at the Eastcoast was for three centuries the centre of the Hanseatic League, an association that could be described, as

Et ils donnèrent à l'histoire un tracé digne de stupéfier les compatriotes restés à la maison.

La conversion forcée effectuée par Charlemagne, les obligea à changer de direction céleste. Ils enseignèrent alors le Notre-Père aux tribus slaves entre la Mer Baltique et l'Elbe. Ils bâtirent des forts avec vue sur l'Est et des églises fortifiées dont quelques-unes existent encore. Leur duc le plus remarquable portait le sobriquet de «Lion». L'épouse de ce grand chef, une princesse anglaise, aurait dépassé d'au moins une tête son conjoint querelleur. On peut admirer le couple sculpté dans la pierre à l'intérieur du dôme de Brunswick et se rappeler avec respect que le grand mélange des Germains et des Slaves a débuté sous le règne de ces gisants-là pour continuer jusqu'à notre siècle. Les blondes servantes aux larges maxillaires des villages de la région de Mecklenburg étaient fort appréciées dans les maisons bourgeoises de Luebeck, Hambourg et Brême. La lecture des «Buddenbrooks» de Thomas Mann revèle à chacun qu'elles n'étaient pas seulement reléguées au rôle de Cendrillon!

Des immigrants arrivés du Rhin et du Main s'installèrent entre les villages slaves disséminés de l'Elbe à la Weichsel. Ils fondèrent des villes d'après le droit allemand, des écoles dans des monastère d'après le droit latin et des services administratifs d'après le droit romain. Ils se marièrent et laissèrent à leurs enfants une langue mélodieuse. Leur noblesse prit les noms slaves des biens qu'elle s'était appropriés: des patronymes qui ressemblaient à des gazouillis d'oiseaux … Zitzewitz? Non, Itzenplitz!

Ils s'embarquent à Luebeck, à Rostock ou à Sassnitz sur des ferry-boats qui les emmèneront en Scandinavie. Le regard qui s'attache une dernière fois sur les lignes de Luebeck avant que les bateaux ne prennent le large, s'enfonce également dans les profondeurs de l'histoire allemande.

Er erstreckte sich von Flandern quer durch Nordeuropa bis nach Nowgorod und ins norwegische Bergen. Was heute in Brüssel beabsichtigt ist, wurde damals in Lübeck praktiziert – der Handel mit Hering, Wolle, Salz und Getreide wurde nach einheitlichen Regeln betrieben. Er brachte den Ratsherren Einfluss, den Handelshäusern Reichtum und den Bürgern jenen backsteinernen Stolz, den das Marientor, die Kirchen und das alte Rathaus von Lübeck ausstrahlen.

Es wird nun Zeit, ins Innere dieses geheimnisvollen Landes vorzustoßen.

„Der Wald steht schwarz und schweiget
und aus den Wiesen steiget
der weisse Nebel wunderbar".

Matthias Claudius hat den sanften Schauer umschrieben, den so manche deutsche Landschaft in uns auslöst – und nicht nur in uns. Die europäischen Nachbarn im Westen und Süden haben häufig Betrachtungen angestellt über das rätselhafte Verhältnis der Deutschen zur Natur, genauer gesagt zu ihrem Wald. Sie haben manchmal die Wälder zwischen Harz und Spessart, zwischen Eifel und Erzgebirge beschrieben, als sei das immer noch der Sitz von Riesen und Feen, ein Unterschlupf für Zwerge und Kobolde.

Sie stellen es so dar, als habe sich der Deutsche im Verlauf seiner Geschichte alle hundertfünfzig Jahre einmal in die Urwälder seiner Seele zurückgezogen, um daraus wie ein Berserker hervorzubrechen und wild um sich zu schlagen. Wir vermögen nicht mehr so recht an diese romantische Beziehung zwischen Wald und Barbarei zu glauben, geben aber zu, dass für viele Deutsche der Gang – nein, die Wanderung – durch den Wald ein läuterndes Ritual darstellt: Gern sieht er dabei den Turm einer verwitterten Burg über die Baumwipfel ragen und hört die Glocken einer Abtei aus dem Waldgrund heraufklingen.

an exceptionally successful forerunner of the European Community. It was an organisation to protect the commercial interests of mercantile towns, extending from Flanders right through northern Europe as far as Novgorod in Russia and Bergen in Norway. The theories that abound in Brussels these days were actually put into practice at that time – there was a set of common trade regulations, whether for herring or wool, salt or grain. The town councillors became influential, the commercial houses wealthy and the citizens imbued with a sense of that brick-fronted pride that finds its most glowing expression in the Marientor gateway, the churches and the old Town Hall of Luebeck.

It is now time to make our way further into this mysterious country.

„Der Wald steht schwarz und schweiget
und aus den Wiesen steiget
der weisse Nebel wunderbar."

(The forest stands black and silent, and from the meadows rises the white fog marvelously) These words, by the German author Matthias Claudius, express that slight shiver that runs down German spines at the mention of forests. European neighbours to the south and the west have often remarked on that puzzling relationship that Germans have to the wooded parts of their landscape. Sometimes Germans have described the forests between the Harz and Spessart, between the Eifel and the Erzgebirge, as if they were still the haunts of giants and elves, the hiding-places of dwarves and goblins. From foreigners' descriptions one could conjecture that every 150 years the German soul retreats into the forest undergrowth, emerging as if beserk to flatten everything around. We ourselves are not so keen on swallowing this Romantic idea of a connection between forests and barbarism, but must nevertheless concede that for many Germans to walk, or rather to stride, through

Durant trois siècles, la ville fut en effet le centre de la Hanse, une association que l'on pourrait décrire comme le précurseur très florissant de la Communauté européenne actuelle. Cette alliance qui offrait la sécurité aux villes de commerce, s'étendait à travers toute l'Europe du Nord, de la Flandre à Novgorod et jusque dans les montagnes norvégiennes. Ce que les pays-membres de la C.E.E. souhaiteraient voir se réaliser aujourd'hui à Bruxelles, était pratiqué avec succès à l'époque dans la ville de Lübeck. Le commerce des harengs, de la laine, du sel et des céréales suivait des règles homogènes. Aux notables, il apporta l'influence, aux commerçants, la richesse et aux citoyens, la fierté qui se dégage encore des façades en briques de la porte de Marie, des églises et du hôtel de ville de Luebeck.

Il est temps de pénétrer un peu plus à l'intérieur de ce pays plein de secrets.

«La forêt se dresse sombre et se tait
Des prés s'élève un
brouillard blanc merveilleux.»

C'est ainsi que Matthias Claudius décrit le tressaillement léger que certains paysages allemands provoquent en nous et en d'autres aussi. Nos voisins européens de l'Ouest et du Sud se sont souvent perdus en considérations sur la relation mystérieuse des Allemands avec la nature, plus précisément avec la forêt. Parfois, ils ont peint les forêts entre le Harz et le Spessart, entre l'Eifel et le Erzgebirge comme étant toujours l'habitat de géants, de fées, de nains et de lutins.

Depuis le début d'histoire, l'Allemand se serait retiré tous les 150 ans dans la jungle de son âme pour en jaillir soudain et se battre sauvagement. Le lien romantique entre la forêt et la barbarie n'est plus très crédible. Mais il est vrai que les randonnées dans les bois représentent un rituel purifiant pour bon nombre d'Allemands.

Doch vergleicht man den Waldmythos mit der Wirklichkeit, so sieht alles etwas anders aus: Saurer Regen und giftige Abgase haben dem Prunkstück der deutschen Seele zugesetzt. Der Wald ist ohnehin kein Urwald mehr, in den sich die römischen Legionen ungern hineinwagten, kein Dickicht, das im Mittelalter die Köhler mit ihrem Qualm erfüllten, sondern er ist ein Forst mit Nummern und bunten Bezeichnungen, aufgestellt wie eine Kompanie preußischer Soldaten. Ein Paradeplatz ist es für Kiefern oder Fichten in Reih und Glied. Mechanisch werden sie in Zeitungspapier verwandelt, auf dem sich fein drucken lässt, wie schlecht es dem deutschen Wald geht. Tatsächlich ist es alarmierend, was Jäger und Förster berichten.

Wald ist potentielle Kohle. Unter dem Gebiet nördlich der Ruhr liegen enorme Wälder, die sich vor Millionen von Jahren durch das Gewicht tausend Meter dicker Gesteinsschichten zu Kohleflözen zusammenpressen ließen. Das war die eine Grundlage für die deutsche Schwerindustrie: aufgespeicherte Massen von schwarzer Energie.

Die Menschen der Ruhr stammen fast alle von Einwanderern ab. Sie wollen bleiben, wo sie sind. Auswanderer wollen sie nicht werden. Mit welch rührender Liebe sie ihr Gärtchen hinter der grauen Häuserzeile pflegen! Wie sie es mit Zwergen und Rehen aus Gips bevölkern, mit welcher Befriedigung sie ihre Brieftauben in den Schlag einfallen sehen! Da wird eine Nachricht automatisch zur frohen Botschaft, weil sie angekommen ist.

Natürlich ist die Heimat zwischen Zechen und Hochöfen nie so ansehnlich gewesen, wie das Tal der Mosel oder die Alpenkette. Aber die Zechen werden weniger; wo sie einst rauchten, bilden sich grüne Oasen. Das Ruhrtal südlich von Essen gleicht bereits einer Kur- und Urlaubslandschaft. Und dann: Kann man im Tal der Mosel oder zwischen Garmisch und Linderhof so hingebungsvoll brüllen,

the woods takes on the proportions of a ritual of purification. We feel an additional satisfaction when the crumbling tower of a castle can be sighted above the tree-tops, or when abbey bells can be heard ringing out from the depths of the woods.

The myths of the forests pale, however, before present realities. Acid rain and toxic emissions have made their mark on the showpiece of the German soul. The forest is no longer the primeval jungle which the wary Roman legions entered with trepidation, there are no longer the thickets which the medieval charcoal burners filled with billowing smoke, now it is official forestry land, with numbers and coloured labels, trees standing to attention like a company of Prussian soldiery, a parade ground for pines and firs lined up in formation. Machines will turn them all into newspaper, where we will all be able to study the carefully-printed articles on the shocking state of the German woods. It is indeed a source of alarm, what the hunters and forest wardens have to report.

Wood is potential coal. Beneath the region north of the river Ruhr lie extensive forests that over millions of years have been compressed under the weight of a thousand metres of rock to form coal seams. These massive stores of black energy were the primary foundation stones of German heavy industry. The second prerequisite was a stream of muscular youths from the Eastern provinces, industrious and undemanding, providing cheap and willing labour. The third requirement was the technical ability of the engineers and miners who excavated the coal from its obscurity and used it for smelting iron and steel. And finally there was the importance of other nearby European industrial areas, which received the heavy loads of iron, coke and steel machinery they needed, supplies that came floating over the waterways of the Rhine and Ruhr and, what's more, came cheaply.

Et leur plaisir est à son comble quand ils aperçoivent les tours d'un château en ruines au-dessus de la cime des arbres ou entendent les cloches d'un monastère vibrer dans les profondeurs boisées.

Le mythe de la forêt comparé à la réalité offre pourtant une image différente. La pluie acide et les gaz d'échappement toxiques ont éprouvé le bois si précieux à l'âme allemande. Par ailleurs, il n'est plus la jungle où les légions romaines ne pénétraient qu'en hésitant, ni le taillis que les charbonniers d'antan remplissaient de fumée. Les forêts sont aujourd'hui des emplacements numérotés avec des panneaux d'indication qui se dressent comme des compagnies de soldats prussiens. Elles ressemblent à des esplanades où les pins et les sapins paradent avant d'être transformés en papier journal sur lequel sera imprimée en fins caractères l'histoire triste de la mort de la forêt allemande. De fait, il est alarmant d'écouter les rapports des chasseurs et des forestiers.

La forêt constitue un charbon potentiel. Il y a des millions d'années, de vastes étendues boisées s'étendaient au nord de la Ruhr. Des couches de roches épaisses de milliers de mètres les comprimèrent en veines de charbon qui allaient procurer un stock énorme d'énergie noire. La première base de l'industrie lourde allemande était établie... Une autre base fut fournie par l'afflux d'hommes jeunes et musclés venus des provinces de l'Est. Les capacités techniques des spécialistes des mines formèrent la troisième base. Les hommes arrachèrent le charbon des entrailles de la terre et le transformèrent en fer et en acier. Finalement, la proximité des autres régions industrielles européennes joua un rôle important. Le prix des transports se trouva extrêmement réduit car les lourds convois de fer, coke et machines d'acier n'avaient qu'à emprunter le Rhin ou la Ruhr pour arriver à destination.

wie die Fans es tun, wenn in der Fußballbundesliga die beiden Nachbarvereine Schalke und Borussia Dortmund aufeinanderprallen?

Der ökonomischen Logik zufolge wird sich das Ruhrgebiet weiter wandeln. Es war einhundertfünfzig Jahre lang das deutsche, das europäische Kraftwerk. Doch die deutsche Wirtschaft lebt heute mehr und mehr vom Export feinster Apparate. Jahrzehnte lang hat das Revier vornehmlich ein Märchen gepflegt: das Märchen von der Kohle als dem angeblich einzigen deutschen Rohstoff. Heute wissen die Menschen im Industrierevier, dass nicht Kohle und Erz den Reichtum eines Volkes ausmachen. Deshalb verändern allerorten zwischen Düsseldorf und Dortmund Universitäten und technische Lehranstalten das Panorama der Städte. Der ergiebigste Rohstoff und seine beste Verarbeitungsstätte ist nun einmal das menschliche Hirn.

Ohne volkswirtschaftliche Vorbildung schließt sich dieser Annahme jeden Abend das Publikum an, das die Theater Nordrhein-Westfalens füllt. Es muss wohl soviel Bühnen wie in London geben, und sie sind quer durch das Ruhrgebiet nicht weniger leicht zu erreichen, als die in London.

Es war eine Zeitlang auch unter Deutschen üblich, einen Einschnitt ihrer Zivilisation in Gestalt des Limes zu sehen. Mit dieser großen Befestigung schützten die römischen Kaiser das kultivierte Germanien, also Süd- und Westdeutschland, vor den Einfällen aus dem ungezähmten Germanien des Nordens und Ostens. Der Theorie zufolge hatten die Stämme innerhalb des Limes einen vier Jahrhunderte währenden, quasi fliegenden Start in die Kultur. Die außerhalb hinkte in ihrer Entwicklung nach und erreichen, hinter vorgehaltener Hand sei es gesagt, die klassischen Maßstäbe Europas bis heute nicht. Nach Ansicht der Kritiker konnten aus Menschen außerhalb des Limes nur Lutheraner und Bilderstürmer,

Those are the four elements that comprise the secret of the Ruhr industry. That our European neighbours proceeded to make a monster and a myth out of the Ruhr is quite obvious, given the mythical tendencies of the Germans themselves. The Ruhr landscape contributes to this feeling that the ground is slipping away under your feet. Suddenly a road will collapse or a row of houses will have to be evacuated because a disused mine has caved in deep below them. But the Ruhr has no connotations of menace these days. It is struggling with the transition from heavy industry to high technology and the difficulties of turning mining communities into a society of computer boffins.

The inhabitants of the Ruhr are mostly descended from immigrants who don't want to emigrate. It is touching to see the care they lavish on the little gardens behind the grey rows of houses, how they populate them with plaster gnomes and deer, how the pigeon fanciers beam to see their carrier pigeons return to the lofts. Any news is good news when it arrives like that.

The homeland of those who lived among mines and blast furnaces was never as picturesque as that of the Moselle valley or the Alps. But the smokestacks and pitheads are gradually giving way to greenery, and these days the Ruhr valley south of Essen looks very much like a health resort. And is there anyone on the Moselle or between Garmisch and Linderhof that can offer the satisfaction of yelling yourself hoarse as the fans do when the neighbouring football teams of Schalke and Borussia Dortmund hurl themselves at each other at a league match?

According to the logics of economy, the Ruhrgebiet will continue its metamorphosis. For a century and a half it was the power house of Germany, indeed of Europe. Now German industry depends more and more on the export of precision instruments.

Voilà, expliqué en quatre points, le mystère de l'industrie de la Ruhr. Il est facile de comprendre que nos voisins européens en aient fait un monstre ou un mythe quand on se rappelle la tendance allemande à créer des légendes. Le paysage contribue aussi à faire naître la sensation que la terre se dérobe sous les pieds. Le pavé de la rue peut s'affaiser soudain ou tout un quartier doit être rapidement évacué parce qu'une ancienne galerie, enfouie sous les fondations des maisons, a décidé de s'écrouler. Vue avec une optique moderne, la région n'est toutefois plus du tout menaçante. Elle traverse une phase de mutation: la technologie de pointe remplace peu à peu l'industrie lourde. L'expert en ordinateur supplante le mineur. On offre des prestations de service.

Presque tous les habitants de la Ruhr descendent d'immigrés qui n'ont pas du tout l'intention de repartir vers d'autres cieux. Ils soignent avec amour leurs jardinets cachés derrière la grisaille des rangées de maisons, les peuplent de nains et de daims en céramique et se réjouissent quand leurs pigeons-voyageurs rentrent au pigeonnier. Les nouvelles rapportées ne peuvent être que bonnes puisqu'elles sont arrivées.

Le public qui chaque soir remplit les nombreux théâtres de la Rhénanie du Nord-Westphalie – il y en a autant qu'à Londres – se rallie sans doute à cette doctrine. En tout cas, il a créé un autre mythe sans équivalent: celui qui entoure le théâtre de danse de Pina Bausch. Ce corps de ballet extraordinaire réside dans une ville où n'iraient le chercher ni son public international, ni ses mécènes: à Wuppertal, la cité du chemin de fer aérien. Enclavée dans une étroite vallée fluviale, cette ville est une utopie technique du 19ème siècle qui aurait pu sortir de l'imagination de Jules Vernes, mais qui survivra naturellement au 20ème siècle. Je n'aurais pas lié Wuppertal à la région de la Ruhr s'il s'était trouvé un autre endroit dans mon récit où l'y nicher.

preußische Feldwebel, Bismarckianer oder Sozialdemokraten werden, aber keine gemütlichen Deutschen. Umgekehrt galten seit jeher bei den „Nordlichtern" die Menschen südlich des Mains (also des Limes) als unsichere Kantonisten, harter Arbeit abgeneigt, ungebildet und technisch unbegabt.

Als Theorie von den Ursachen kultureller Unterschiede taugt diese Geschichte nicht viel. Sie erklärt nicht, warum im nüchternen Nord- und Ostdeutschland die Musik von Schütz, Händel und Wagner entstand, während im technisch „zurückgebliebenen" Süden der Bau von Kathedralen, Patrizierhäusern und Palästen seine feinste Blüte erreichte. Der Beobachtung liegt aber ein richtiger Kern zugrunde. Irgendwie ändert sich an Rhein und Main das Lebensklima. Der Limes erklärt nicht die Entstehung des Protestantismus, aber er trennt – eher zufällig – den nüchternen Protestantismus von den hauptsächlich katholischen Landen. Es ist eine Sache der Heiterkeit. Der Wein wächst außerhalb des Limes nicht, die Verkleinerungs- und Liebkosungssilbe „...lein" des Südens wandelt sich in den weniger anheimelnden Rachen- und Gaumenlaut „...chen", wenn man nach Norden kommt – aber der Unterschied liegt auf einer anderen Ebene, nämlich in der Einstellung zum Heiligen Römischen Reich Deutscher Nation.

Dieser Alptraum der Staatsrechtler umfasste in seinem tausendjährigen Bestehen mehr als das, was heute Nord-, Ost- oder Süddeutschland genannt wird; ein gutes Stück von Europa gehörte dazu. Sein Schwerpunkt lag nicht da, wo der Kaiser auf seinem Thron saß, also meistens in Wien, und von wo er der Theorie nach über 300 oder mehr große und kleine und kleinste Souveräne herrschte. Er lag in den Bistümern, Reichsstädten und kleinen Residenzen. Die Geburtsstadt Goethes, die freie Reichsstadt Frankfurt, gehörte dazu, und die Stätte seines Wirkens, das großherzogliche Weimar in Thüringen.

For decades the Ruhr cherished a myth, the fiction that coal was Germany's sole raw material. But coal and ore are no longer measures of a country's wealth, which is why new universities and technical institutions are rapidly changing the skyline of the Ruhr. The most productive raw material and its best processing plant are to be found in the human brain and the human mind.

This conclusion is endorsed when we look at the public who may be unlearned in theories of economics but who still flock to fill the theatres of North Rhine-Westphalia every evening. In all, there must be as many theatres scattered about the area as there are in London, and they are no less accessible.

It was long a custom among the Germans to regard the Limes as a dividing line of their civilisation. The Limes was the great fortification that the Roman emperors built to protect the more civilised Germanic tribes in the South and West from the uncouth aggression of those in the North and East. According to this hypothesis, the culture of the tribes who lived within the Limes had a flying start of four hundred years, while the rest have always trailed behind and, the theory hints in an aside, have never reached an acceptable European standard to this day. The critics expressed the opinion that non-Limes areas might manage to breed hordes of Lutherans, iconoclasts, Prussian sergeant-majors, wouldbe Bismarcks and Social Democrats, but never your true good-natured German. On the other hand, the "northern lights" of Germany have always maintained that south of the Main, that is within the Limes, there lives a ham-fisted bunch of untrustworthy yokels who prefer to give hard work a wide berth.

This is hardly a convincing argument when it comes to accounting for cultural differences. It fails to explain how the ostensibly "rational" north and east produced the music of Schütz, Bach,

Son élégance est bien trop discrète pour faire partie du district. Par contre, la colline de villas du vieil Alfred Krupp s'intègre fort bien à la Ruhr. A qui voulait-il donc en imposer quand il a fait bâtir ces propriétés à la Versailles? En tout cas, il ne put jamais égaler la distinction des châteaux de la région. C'est bien un phénomène de toutes les époques de montrer «pour qui on se prend» en étalant une grandeur étouffante. Les quartiers généraux des grandes banques de Francfort en donnent un bel exemple, égalé par «L'anneau du Nibelung» de Wagner, le château Neuschwanstein de Louis II et bien sûr par la colline de villas de Krupp.

Durant très longtemps, les Allemands ont considéré le limes comme une démarcation dans leur civilisation. Avec le limes, une ligne de fortification gigantesque, les empereurs romains protégaient la Germanie cultivée. C'est-à-dire l'Allemagne du Sud et de l'Ouest, des attaques déclenchées par les Germains sauvages du Nord et de l'Est. Selon la théorie, les tribus à l'intérieur du limes avaient une avance de 400 ans dans le domaine de la culture. Le développement de celles qui vivaient à l'extérieur suivait cahin-caha et jusqu'à aujourd'hui, n'aurait pas encore atteint les critères classiques européens. C'est du moins ce que l'on raconte à mi-voix. D'après les critiques, ceux qui habitent en dehors du limes n'ont pu devenir que des luthériens, des sergents prussiens, des «Bismarckiens», des socio-démocrates, mais jamais de vrais bons Allemands. En contrepartie, pour les Allemands du Nord, les hommes au sud du Main (donc du Limes) sont des gaillards peu sûrs, indignes de confiance, paresseux, incultes et sans aucuns dons techniques.

Ces concepts ne valent pas grand-chose pour éclaircir les différences culturelles. Ils n'expliquent pas pourquoi la musique de Schuetz, de Bach, d'Haendel ou de Wagner est née dans la sobre Allemagne du Nord ou de l'Est tandis que le Sud,

Hier fand das Reich seine gemütliche Ausprägung. Hier verband ein dichtes Geflecht altgeheiligter Rechte und Pflichten den Untertan mit seiner Obrigkeit. Der Kaiser mit seinen Gerichten sollte darüber wachen, dass keiner in seinen Rechten gekränkt wurde. Daraus entstand über die Jahrhunderte ein eher zutrauliches und sorgsames Verhältnis zwischen denen unten und denen oben.

Dagegen wurden die Territorien des Nordostens ganz rationell und fortschrittlich in wenigen großen Verwaltungseinheiten regiert. Vom Untertan wurde nicht so sehr ein Pochen auf alte Rechte als Gehorsam verlangt. Zwischen dem Bauern am Main und seinem Kaiser gab es den Abt der Reichsabtei im Nebental; da war der Kaiser nahe. Zwischen dem Bauern in der Altmark und seinem Kaiser aber gab es außer dem zuständigen Grundherren noch den Landrat und hauptsächlich den König von Preußen, und da war der Kaiser weit.

Dieses Reich nannte sich heilig, und verglichen mit den Nationen-Staaten ringsum war es das auch auf seine eigene, märchenhafte Weise. Es war auf Bewahrung, nicht auf Erweiterung aus und es tat niemandem etwas zuleide. Schon deshalb nicht, weil der Kaiser meistens glücklich war, wenn ihn Franzosen und Schweden in Ruhe ließen, oder Türken und Preußen keine Stücke seiner Länder wegnahmen.

Der Schwerpunkt des alten Reichs lag am Rhein. Zwischen den alten Münstern und Kathedralen von Xanten, Köln, Bonn, Mainz, Speyer und Worms – Stätten der Verehrung römischer Götter bereits zu Zeiten der Legionen – spannt sich heute die Kette der Kraftwerke, Fabrikhallen und Verwaltungshochhäuser, von deren Arbeit ein beträchtlicher Teil der Deutschen lebt.

Der Rhein selbst macht das anschaulich: In seinen Windungen überwiegen die Lastkähne,

Haendel and Wagner, while in the backwoods of the south architecture reached a peak in the building of cathedrals, burghers' houses and palaces. Yet there is still a grain of truth somewhere in these myths, for there really is a change in atmosphere along the Rhine and Main. If the Limes cannot be held responsible for Protestantism, it nevertheless separates - probably by coincidence – the sober Protestants from the mainly Roman Catholic lands. It boils down to a certain happy-go-lucky attitude; there are few vineyards outside the Limes, the pleasant and tender southern diminutive of -lein at the end of words changes to the less agreeable, harsh and throaty -chen towards the north, but in the end the differences must be attributed to another cause, connected with the attitude towards the Germany that was once part of the Holy Roman Empire.

The Empire, every constitutional historian's nightmare, spread far beyond the bounds of present-day Germany in its thousand years of existence; it included a large section of Europe. The Emperor, who normally sat in Vienna, was the nominal ruler of a good 300 large, small and miniature principalities, but real power lay elsewhere, in bishoprics, in Free Cities of the Empire like Frankfurt (birthplace of Goethe), and in dukedoms, Weimar in Thuringia for instance. Here the Empire showed its humaner side in a sacrosanct and closely-woven net of feudal rights and duties. The Emperor and his lawcourts had the task of seeing that no one was deprived of his rights. Over the centuries this resulted in a master and servant relationship based mainly on trust and care.

In comparison, the north-eastern territories had a rational and progressive system of a few large administrative units. Its subjects were not encouraged to harp on their ancient rights; they were expected to obey. The peasant on the Main could turn to the abbot in the next valley as an intermediary between himself and the Emperor, who was

soi-disant en retard sur la technique, a construit les plus admirables cathédrales, palais et demeures de patriciens. Il est pourtant vrai que la façon de vivre change dès qu'on atteint le Rhin et la vallée du Main. Le limes n'élucide pas la création du protestantisme, mais sépare par hasard, les régions protestantes de celles où domine le catholicisme. Il s'agit donc d'une affaire de style de vie: austérité au Nord, jovialité au Sud. Le vin ne pousse pas à l'extérieur du limes. L'affectueux suffixe diminutif «lein» du Sud se transforme au Nord en «chen», une phonème palatale au son âpre. En fin de compte, les différences découlent d'une autre source: elles sont nées avec le Saint Empire romain germanique.

Durant les mille années de son existence, ce cauchemar des spécialistes de droit public a englobé une grande partie de l'Allemagne actuelle, mais aussi un bon morceau de l'Europe. Son centre de gravité ne se trouvait pas à Vienne, résidence principale de l'empereur qui régnait sur plus de 300 petits ou grands souverains. Les évêchés, les villes libres et les modestes résidences formaient le vrai cœur de l'Empire. En faisait partie Francfort, ville impériale libre et lieu de naissance de Goethe ainsi que la résidence princière de Weimar en Thuringe où le grand poète vécut. Un lacis de vieux droits sacrés et de devoirs liait les sujets aux autorités. L'empereur et ses tribunaux avaient la tâche de veiller à ce que personne ne se sente lésé. La relation qui s'établit au cours des siècles de l'échelle était donc surtout basée sur la confiance et l'obligeance mutuelle.

Par contre, les territoires du Nord-Est étaient gouvernés par un petit nombre d'administrations rationnelles et progressives. On attendait des sujets qu'ils obéissent et non pas qu'ils se réclament d'anciens droits sacrés! Entre le paysan du Main et son empereur, il n'y avait que l'abbé de l'abbaye impériale. Mais au Nord,

nur manchmal die Ausflugsdampfer, von denen aus der Fremdenführer auf die Berge, Burgen und Weindörfer rechts und links deutet und Sagen erzählen kann. Ihre Anschaulichkeit verdoppelt sich angesichts des ehemaligen Sitzes der alliierten Hochkommissare auf dem Petersberg, im Vorbeigleiten an der Adenauer-Villa oberhalb von Rhöndorf und beim Anblick der berühmten Brücke von Remagen. Auch diese Erinnerungen sind inzwischen in den geschichtlichen Humus eingegangen, aus dem Deutschland lebt.

Das Verhältnis der Völker zu ihren Hauptstädten ist aufschlussreich. Die Franzosen erheben ihre Hauptstadt flugs zur Hauptstadt der Welt, obwohl sie, wenn sie nicht selbst einer sind, die Pariser nicht ausstehen können. Die Amerikaner halten von ihrer Hauptstadt Washington nicht viel, von der Regierung darin gar nichts. Das sei nicht Amerika. Die Deutschen haben während ihrer gesamten Geschichte nur einmal fünfundsiebzig Jahre lang eine eigentliche Hauptstadt besessen, Berlin, und die haben sie nicht sonderlich geliebt.

Berlin war dreißig Jahre lang durch eine nicht übersteigbare Mauer in zwei Teile zerlegt. Seine westliche Hälfte war in Folge ihrer Insellage, 180 Kilometer von der Bundesrepublik entfernt, ständiger Erpressung ausgesetzt. Die Mauer fiel am 9. November 1989 unter dem Beifall der ganzen Welt. Seitdem wächst die Stadt mit ihren fast dreieinhalb Millionen Einwohnern wieder in einem unglaublichen Tempo zusammen. Als bedeutendes Industrie- und Verwaltungszentrum ist sie seit 1999 wieder Hauptstadt und der Regierungssitz Deutschlands.

Berlin beherbergt zwei Pandas, den Kopf der Nofretete, den Pergamon-Altar und das rasanteste Nachtleben des Kontinents. Sein Kongress-Zentrum sieht aus wie ein auf Grund gelaufenes Schlachtschiff. Seine türkische Bevölkerung ist so zahlreich wie die einer Großstadt in der Türkei.

nicely within reach; the peasant in Altmark, in the north, was confronted with the local landowner, the administrative director, the might of the King of Prussia, and even then the Emperor was quite out of reach.

The Empire called itself Holy and, compared with the nation states around, it was, in its own whimsical way. Its duty was to protect, not to expand, and it was not an aggressor. All the Emperor desired was that the French and the Swedes leave him in peace and that the Turks and Prussians don´t try to rob him of his lands.

The Rhine used to be the main artery of the old Empire. Winding between the chain of minsters and cathedrals that lie along the river – Xanten, Cologne, Bonn, Mainz, Speyer and Worms, all once pagan shrines for the Roman legions – there is nowadays another chain of power stations, factory buildings and high-rise office blocks giving employment to a considerable percentage of the German population. A glance at the Rhine itself will verify this: Sometimes barges predominate along its meanders, sometimes pleasure cruisers with guides who point left and right to hills, castles and vine-yards and relate the legends of the Rhine. The role of the Rhine becomes even more graphic when the former headquarters of Allied Command at Petersberg come into view, when the steamer glides past Adenauer's villa above Rhoendorf and pasts the famed bridge at Remagen, for these are memorials which have embedded themselves in the historical humus that nourishes Germany today.

It is instructive to look at the attitude of a country to its capital city. The French lose no time in elevating theirs to the capital of the world, although they can´t stand the sight of a Parisian unless they happen to be one themselves. The Americans have a very low opinion of Washington and an even lower one of its politicians.

le seigneur des lieux, le préfet et surtout le roi de Prusse séparaient le paysan de l'empereur lointain.

Cet empire se nommait saint et il l'était, d'une façon un peu fabuleuse, comparé aux Etats qui l'entouraient. Il cherchait à se maintenir et non pas à s'élargir et ne faisait de mal à personne. L'empereur était déjà très heureux quand les Français et les Suédois le laissaient en paix et quand les Turcs ou les Prussiens ne tentaient pas de lui voler un morceau de ses terres.

Le cœur du vieil Empire se trouvait sur le Rhin. La chaîne des centrales productrices d'énergie, des usines et des grands édifices d'administration qui font vivre une grande partie du peuple allemand s'étend entre les cloîtres et les cathédrales de Xanten, Cologne, Bonn, Mayence, Spire et Worms, des lieux où les anciennes légions romaines vénéraient leurs dieux.

Une promenade sur le Rhin apporte un véritable témoignage grande historique. Les méandres du fleuve sont encombrés de chalands et de bateaux de plaisance bondés de touristes. Les guides pointent un doigt sur les châteaux, les montagnes, les villages dans les vignes et racontent les histoires qui y sont attachées. L'intérêt s'accroît quand on dépasse l'ancien siège des hauts-commissaires des alliés perché sur le Petersburg ou la villa d'Adenauer près de Rhoendorf et quand on aperçoit le célèbre pont de Remagen. Ces souvenirs sont également rentrés dans l'humus historique dont se nourrit l'Allemagne.

La relation du peuple avec leurs capitales respectives est très révélatrice. Pour tous les Français, Paris est la métropole du monde. Les Américains n'apprécient pas beaucoup Washington et encore moins le gouvernement qui y réside. Ce lieu ne représente pas originale l'Amérique. Au

Unzählige Agenten von zwei Dutzend Geheimdiensten aus Ost und West verkrümeln sich nur allmählich, aber hunderttausend Studenten bleiben. Es bleiben und vermehren sich die mitteilsamsten Taxifahrer der nördlichen Erdhälfte und es bleibt ringsum eine Wald- und Seenlandschaft wie aus dem Märchen.

Bonn hat es da schwer mitzuhalten, obwohl dieses ehemalige Hauptquartier der II. röm. Legion (Minerva) den Berlinern als Stadt um gute zwölfhundert Jahre voraus ist. Es gibt sich bescheiden. Seine Prachtstraßen stammen noch aus der Zeit, als der regierende Souverän ein Erzbischof von Köln, Kurfürst und erster Paladin des Reiches war. Zu Gedenkstätten, wie sie unsere Zeit für die häufigen Staatsbesuche ausländischer Potentaten verlangt, hat man sich nicht aufschwingen mögen – wohl in dem Gefühl, dass Beethovens Geburtshaus vollkommen ausreicht, in Besuchern einen Anflug von Andacht zu erwecken.

München und Stuttgart in Süddeutschland sind ehemalige Residenzen wichtiger Reichsfürsten – München als Regierungssitz ist sogar fast so alt wie der Staat Bayern selbst, und das ist der älteste und ehrwürdigste in Deutschland. Stuttgart entwickelte sich langsamer zur Legende, wohl weil die schwäbischen Landesherren zu Zeiten des Staufergeschlechts kein Sitzfleisch hatten, sondern in kaiserlichen Geschäften unterwegs waren. Aber Stuttgart hat aufgeholt. Die sparsamen Schwaben sehen zu, wie sich ihre Landeshauptstadt nun mit Museen schmückt.

Herzhafte Antipathien zwischen Nord und Süd, Ost und West gehören zu Deutschland wie die böse Fee ins Märchen. Die technische und militärische Überlegenheit der Preußen im 19. Jahrhundert ließ sie auf die Staaten südlich der Mainlinie mit schlecht verhüllter Verachtung herabschauen. Der Berliner galt umgekehrt in Bayern als großmäulig, in Schwaben als indiskret.

That's not America. In all their history, the Germans have only ever had one real capital, for seventy-five years; that was Berlin, but no one liked it much.

Then, as a result of the Second World War, Berlin was divided by the ill-famed and virtually impregnable Wall. For thirty years West Berlin became a vulnerable island in communist East Germany, an Achilles' heel 180 kilometres away from the Federal Republic's border. On November 9th in 1989 the Berlin Wall was breached and the world rejoiced. The city began the process of reuniting itself and, strengthened in its role as an administrative and industrial centre, Berlin is since 1999 the capital of a reunited Germany.

Berlin is home to two pandas, the head of Nefertiti, the Pergamon altar, the raciest night-life in all Europe, a conference centre resembling a stranded battleship, a Turkish population as large as that of any city in Turkey, a hundred thousand students, an ever-diminishing number of agents from a couple of dozen secret services, an ever-increasing number of the most garrulous taxi-drivers in the northern hemisphere and all around a fairytale landscape of woods and lakes.

Bonn, the post-war capital of West Germany, found it hard to compete with all this, even though it started life as the headquarters of the second Roman legion (Minerva) and had a start of a good twelve hundred years before Berlin. Its wide imposing streets date from the time when its ruler also happened to be the archbishop of Cologne, an electoral prince and first henchman of the Emperor. Nobody in Bonn has been able to bring himself to provide the usual obligatory monuments to embellish the frequent visits of foreign potentates – in the humble assumption that visitors will accept Beethoven's birthplace as a sufficient hint at reverence for the past.

cours de toute leur histoire, les Allemands n'ont possédé une vraie capitale que durant 75 ans et ils ne l'ont pas véritablement aimée.

Durant trente années, un mur infranchissable sépara Berlin en deux. La partie occidentale de la ville, sorte d'île au milieu du bloc est, était éloignée de 180 kilomètres de la frontière ouest-allemande. Une situation géographique qui la rendait très vulnérable au chantage. Le 9 novembre 1989, le monde entier acclamait la chute du mur. Depuis, la ville de presque trois millions et demi d'habitants travaille à sa réunification. Centre administratif et industriel important, elle est de nouveau à partir de 1999 la capitale d'Allemagne. Berlin possède deux pandas, le buste de Néfertiti, l'autel de Pergame et la vie nocturne la plus folle du pays. Son Palais des Congrès ressemble à un navire échoué. Sa population turque est aussi importante que celle d'une grande ville de Turquie. Une foule d'agents de quelque deux douzaines de services secrets de l'Est et de l'Ouest s'esquivent peu à peu. Mais Berlin conserve une centaine de milliers d'étudiants, les chauffeurs de taxis les plus bavards de la partie nord du globe et une nature magnifique environnante de lacs et de forêts. Bonn a du mal à suivre, bien que cet ancien quartier général de la deuxième légion romaine (Minerva) ait 1200 ans de plus que Berlin. La ville donne dans la modestie. Ses magnifiques avenues datent de l'époque à laquelle le souverain régnant était un archevêque prince électeur et premier paladin de l'Empire. Bonn ne possède pas de lieu commémoratif où les potentats étrangers en visite officielle pourraient venir s'incliner. Les responsables politiques pensent certainement que la maison natale de Beethoven suffit assez pour éveiller un brin de recueillement chez les visiteurs.

Munich et Stuttgart en Allemange du sud sont les anciennes résidences de deux princes électeurs importants. Munich, siège de gouvenement,

Als Hitler das preußische Prinzip der Überbewältigung mit Technik zu Tode geritten hatte, zerfiel alles; nur der norddeutsche Dünkel angesichts der bäurischen Bayern und der schaffenden Schwaben blieb intakt.

Über bayerische Trachtenhüte und Trinksitten konnte man sich totlachen. Aber während man im Norden der Mainlinie damit beschäftigt war, bayerische Politik als Wirtshaus-Rauferei darzustellen und die schwäbische als biederes Häusle-Bauen, siedelten sich die Zukunfts-Technologien in Süddeutschland an. Die Unternehmer galten dort nicht von vornherein als Ausbeuter. Sie begegneten einer gebildeten und weitsichtigen Verwaltung. Die süddeutschen Schulen hatten in der Zeit des Hinterfragens nicht aufgehört, ihren Schülern das Lernen beizubringen. Sie sorgten für Nachwuchs.

Das Ergebnis lässt sich an neuen Industrie-Strukturen und einer wachsenden Schicht technischer Tüftler ablesen. Die ländliche Umgebung Stuttgarts und Münchens verwandelte sich in Zentren hoher industrieller Leistung. Mercedes und MBB, BMW und IBM sind die Paradepferde. Der eigentliche Antrieb kommt aus dem Vergnügen, das die Nachkommen alter Handwerksgeschlechter an solider und perfekter Arbeit haben. Mercedes rühmt sich heute eines hohen Grades von Automatisierung. Eines Tages wird vielleicht bei der Produktion überhaupt keine Menschenhand mehr im Spiel sein. Dann wird man sich bei Stuttgart die Sage erzählen von dem älteren, bebrillten Schwaben, der in den Achtziger Jahren in den Montagehallen von Mercedes stand und hundert Mal am Tage die eben eingesetzte Türe des 300 E ins Schloss fallen ließ. Am Klang spürte er, ob Tür, Schloss und Karosserie den Ansprüchen entsprachen, die damals an einen Mercedes gestellt wurden. Aber vielleicht wird man diesen Mann auch in diesem Jahrhundert noch nötig haben. Jedenfalls laufen tausende kleinerer Neugründungen von Söhnen solcher Qualitätsfanatiker dem Norden den Rang ab.

Munich and Stuttgart in South-Germany were formerly residences of influential princes of the Empire. Munich is the capital of Bavaria and almost as old, and Bavaria itself is the most venerable of all the German states. Stuttgart took longer to make itself into a legend, maybe because the Lords of the Swabian House of Staufer couldn't sit still for long without itching to be off on the Emperor's business in Italy or the Holy Land. But Stuttgart has caught up. The thrifty Swabians watch respectfully as their state capital decks itself out in lavish museums, and they even countenance the fact that their Minister-President spends as much time abroad as once the Staufer princes.

Deep-seated antipathies between north and south, east and west, belong to Germany as much as the wicked fairy to the storybook. The technical and military superiority of nineteenth-century Prussians led them to regard the states south of the Main with thinly-disguised contempt. The Berliners, on the other hand, were regarded by the Bavarians as loudmouthed, by the Swabians as boorish. Hitler flogged to death the Prussian principle of overpowering by technology, and the old animosities disintegrated, leaving intact only a certain North German arrogance about Bavarian bumpkins and over-assiduous Swabians.

You can split your sides laughing over the Bavarians' lederhosen, feathered hats and drinking habits, but while everyone north of the Main was busy sniggering that Bavarian politics was little better than a pub brawl, or smirking about the dull my-home-is-my-castle Swabians, the technology of the future was already establishing itself in South Germany. Employers who turned up there were not dismissed as exploiters from the start and they were welcomed by well-informed and far-sighted local authorities. During the time of social upheaval the South German schools never failed to provide the generation with a education.

a presque le même âge que l'Etat de Bavière, le plus ancien et le plus vénérable de toute l'Allemagne. Il a fallu plus de temps à Stuttgart avant qu'elle ne devienne une légende, sans doute parce que les princes de l'illustre maison de Hohenstaufer préféraient parcourir les routes d'Italie ou du Saint Empire au nom de l'empereur à rester dans leur fief. Stuttgart a pourtant rattrapé le temps perdu. Les Souabes tolèrent même que chef de la province imite les souverains Hohenstaufer et passe autant de temps qu'eux à l'extérieur de ses terres.

La cordiale antipathie qui règne entre le Sud et le Nord, l'Est et l'Ouest, fait autant partie de l'Allemagne que la méchante fée dans les contes d'enfants. Les Prussiens du 19ème siècle, forts de leur supériorité militaire et technique, ne cachèrent jamais le mépris qu'ils éprouvaient envers les habitants des régions au sud du limes. En revanche, le Berlinois avait une réputation de vantard en Bavière et d'indiscret dans la province souabe. Tout s'effondra lorsqu'Hitler perfectionna la dominance prussienne jusqu'à en faire un instrument de mort.
Si le Bavarois restait un paysan et le Souabe un travailleur, l'Allemand du Nord n'était plus qu'outrecuidant. On pourrait faire des gorges chaudes des Bavarois avec leurs chapeaux à plumes et leur penchant pour la chope. Mais tandis que le Nord de l'Allemagne s'amusait à comparer la politique bavaroise à des querelles de bistro et les Souabes à de petits entrepreneurs de maçonnerie, la technologie d'avant-garde s'installait dans le Sud de l'Allemagne. Dans ces parts, l'industriel ne fut jamais considéré comme un exploiteur, mais fut accueilli à bras ouverts par une administration prévoyante.

Les résultats s'inscrivent dans les nouvelles structures industrielles de ces régions et dans le nombre toujours croissant de techniciens féconds. De grands groupes tels Mercedes et MBB,

München und Stuttgart regieren jedoch kein spannungsloses Industrie-Idyll. Es wiederholt sich der Antagonismus zwischen Nord und Süd im kleinen Maßstab innerhalb Bayerns und Schwabens; als seien die Stammesgegensätze des Mittelalters niemals erloschen. Im Frankenlande hat man Vorbehalte gegen München, das alemannische Baden bewahrt sich seine köstliche Animosität gegen Stuttgart. Nicht, dass Franken und Baden den Staatsstreich planten. Alte demokratische Tradition will es aber, dass man Unbill nicht vergisst, die einem vor ein-, zweihundert Jahren angetan wurde. Daraus wird dann vielfach ein Spiel mit verteilten Rollen, bei dem jeder mal die verfolgte Unschuld mimt.

Die Süddeutschen trennt manches, es verbindet sie aber eine barocke Lebenslust. Sie lieben ihre festlichen Landschaften, den See vor dem Panorama der schneebedeckten Berge, die Zwiebeltürme ihrer Kirchen, die Prozession auf dem Wege dahin und die goldenen Wahrzeichen mit Schwan, Bär und Traube vor den Wirtshäusern ihrer kleinen Städte. Ihr Bestes geben sie zur Fastnachtszeit, wenn die Straßen gefüllt sind mit hüpfenden Hexen, lang geschnäbelten Vogelmasken und übergroßen, ernsten Babyköpfen. Da verdichten sich die Mythen und Märchen der Vorzeit zu einem verrückten Kaleidoskop. Da lassen sie Dampf ab für ein ganzes Jahr. Das Heilige Römische Reich Deutscher Nation taucht aus dem Untergrund auf, sobald Allemannische Fastnacht, Fasching und Karneval gefeiert werden.

Die Grenzen zu den Nachbarländern, zu Österreich, der Schweiz und dem Elsaß würde um diese Zeit des Februars ein Besucher von einem fernen Kontinent kaum wahrnehmen können. Die Masken und Sprünge der Narren sind etwas anders, der Sinn ist der gleiche. Die vorgestrige Besorgnis der Deutschen im Westen und Süden der Bundesrepublik isoliert, eingekreist und ausgeschlossen zu sein ist dem Gefühl gewichen,

There was always a steady supply of new recruits, and the results can be seen in the restructuring of industry and a growing class of technological eggheads. The countryside around Stuttgart and Munich has sprouted high-powered centres of industry, with Mercedes, MBB, BMW and IBM as their prize exhibits. The drive behind all this stems from the pride of a job well done handed down from generations of solid workmen. Mercedes boasts a high degree of automation these days, and perhaps will see a time when there is nothing left to do by hand. Around Stuttgart someone, some day, will relate the legend of the elderly bespectacled Swabian in the bygone nineteen-eighties who stood in the Mercedes assembly shop and slammed one after another each newly-mounted door of every 300E, a hundred times a day. He could tell by the sound whether door, lock and bodywork met the high standards demanded by Mercedes in those far-off days. But on the other hand that Swabian may still be indispensable in this century. Anyway, a thousand new firms have sprung up, founded by the sons of just such sticklers for quality, to outstrip the north. They enterprisingly move south – and then, probably, east to employ their skills in the five new states of Germany with their unquenchable desire to make up for all they missed under Communist rule.

This is not to say that Munich and Stuttgart administer some serene industrial idyll. It is as if the medieval tribal differences had never been reconciled: The north-south antagonism repeats itself on a smaller scale between Swabia and Bavaria, the Franks have serious reservations about Munich and in Alemannic Baden they have an absurd aversion to Stuttgart. Not that Franconia and Baden are planning a coup, ancient democratic traditions will just have it that one or two hundred years old injustices cannot be forgotten. Everybody assumes his role in the play, and it is not always the same one that plays the injured innocent.

BMW et IBM ont transformé la campagne autour de Stuttgart et de Munich. Mercedes s'enorgueillit aujourd'hui d'un haut niveau d'automatisation. Il se peut qu'un jour, la main de l'homme ne joue plus aucun rôle dans la production. Les anciens de Stuttgart se souviendront alors des années 80 et parleront de l'ouvrier perfectionniste des chaînes de montage de Mercedes: il accomplissait le même mouvement cent fois par jour; il refermait les portes qu'il venait de monter sur la 300 E et sentait à la façon dont elles claquaient si la carosserie correspondait aux exigences qu'on attendait de la voiture. Il se peut qu'on ait encore besoin de cet homme en ce siècle. Pour le moment, la création de milliers de jeunes entreprises a mis le Nord du pays à l'arrière-plan. Celui qui a l'esprit d'initiative va s'installer dans le Sud. Ou peut-être voit-il aujourd'hui son avenir à l'Est, dans les nouveaux Laender du pays qui ont tant à rattraper.

Munich et Stuttgart ne gouvernent pas une idylle industrielle sereine. La rivalité ancestrale qui oppose le Nord et le Sud du pays, se retrouve sous une forme atténuée entre la Bavière et le Bade-Wurttemberg.
Ces deux régions nourrissent toujours d'anciens préjudices l'une contre l'autre. C'est une vieille tradition démocratique que de ne jamais oublier les torts qu'on s'est fait réciproquement, il y a un ou deux siècles! Bavarois et Souabes perpétuent cette coutume, chacun mimant l'innocence bafouée à tour de rôle.

Si quelques divergences séparent les Allemands du Sud, ils partagent toutefois en commun un amour baroque de la vie. Ils adorent leurs paysage solennels, les lacs devant le panorama des montagnes aux pics enneigés, les clochers bulbeux de leurs églises, les processions religieuses et les enseignes dorées avec des ours, des cygnes ou des grappes de raisin qui ornent les auberges des villages.

zur europäischen Familie zu gehören. Die Grenzen sind offen, der Wanderung hin und her sind keine Schranken gesetzt, das Kinderspiel vom Zöllner und Schmuggler hat seine Aktualiät verloren. In früheren Zeiten waren nicht nur Berlin, es waren alle Städte von Mauern umgeben. Als der Kaiser damals die ungehorsame Stadt Weinsberg am Neckar eingeschlossen hatte und die Belagerten hinter ihren durchlöcherten Mauern Wirkung zeigten, versuchte sich der hohe Herr an psychologischer Kriegsführung. Er versprach den Frauen der Stadt freien Abzug. Sie fragten zurück, wovon sie denn leben sollten, nachdem sie ihre Stadt und Habe verlassen hatten? Das schien eine berechtigte Frage. Der Kaiser gestand den Frauen zu, mitzunehmen, was sie auf dem Rücken tragen konnten. Und siehe, zur festgesetzten Stunde öffneten sich die Stadttore und in langem Zuge erschienen die Frauen der Stadt Weinsberg. Eine jede trug auf ihrem Rücken ihren Mann.

Wir haben bisher über die Deutschen gesprochen, als seien es durchweg Männer – emsig damit beschäftigt, Heiden zu missionieren, Deiche zu errichten, Kirchen zu bauen, Kohle zu schürfen, Fußball zu spielen und Computer zu programmieren. Der Frauen wurde nicht gedacht.

Das ist eine Unaufmerksamkeit, die wir mit manchen anderen Völkern teilen. Ungeachtet dessen bringen die Frauen in Deutschland, wenn man an sie denkt, einem immer die Weiber von Weinsberg in Erinnerung. Zweimal haben sie während der großen Kriege dieses Jahrhunderts erst das Haus in Ordnung gehalten, die Kinder aufgezogen und dann, was von ihren Männern übrig geblieben war, in eine neue Existenz getragen. Der Versuch der nachträglichen Entmündigung ist den Männern nicht mehr ganz gelungen. Die Frauen haben die Trümmergrundstücke aufgeräumt, das Fräuleinwunder begründet und ihren Platz an den Universitäten erobert.

Whatever divides the South Germans, they are still united by a common baroque zest for life. They all love their splendid landscapes of lakes framed by a panorama of snow-covered mountains, the processions wending their way to onion-towered churches, the little towns with their golden inn signs, the Swan, the Bear, the Grapes. You see the people at their best during Carnival, when the streets are thronged with prancing witches, long-beaked bird masks and oversized grave baby-like heads. The myths and fairy stories of old blend in a crazy whirling kaleidoscope. Here you can let off enough steam to last the whole year, and in these masquerades that precede Lent, the Germany of the Holy Roman Empire rises from the dead.

A visitor from another continent would scarcely notice that Carnival traditions vary in the neighbouring lands of Austria, Switzerland and Alsace. The masks and the jesters' leaps are slightly different, but the same spirit prevails. Not only the Germans in the east, but also those in the south and west used to consider themselves isolated, surrounded and shut off, but this has been replaced by the feeling that now they form part of the family of Europe. The borders are open, there are no barriers to travelling back and forth, and the children's game of customs versus smuggler is at last becoming obsolete. There used to be a wall around all cities, not only Berlin. Once upon a time, there was a Kaiser who laid siege to the disobedient town of Weinsberg on the Neckar. When the residents began to react to the attack on their walls, His Majesty decided to try some psychological warfare. He promised to release the women of the town. What, came the reply, were they to live on if they abandoned house and home? A fair question. The Kaiser granted them permission to take whatever they could carry on their backs. When the hour came, the town gates opened to reveal a long procession of the women of Weinsberg. And all of them were bearing their husbands.

L'Allemand du Sud révèle tout son impétuosité durant le Mardi-Gras, quand les rues s'emplissent de sorcières, de masques d'oiseaux aux longs becs et d'énormes têtes de nourrissons. Les mythes et les contes d'antan s'enchevêtrent alors en un kaléidoscope dément. Les fous de quelques jours se déchaînent pour l'année entière. Le Saint Empire romain germanique refait surface au cours des fêtes de Mardi-Gras et de Carnaval.

Un étranger arrivant dans la région pendant cette période en février, ne pourrait pas plus délimiter les pays voisins – Autriche, Suisse – pas plus que la province alsacienne. Si les masques et les bonds des fous diffèrent, leurs sens en est le même. Les Allemands ne se sentent plus, comme hier encore, isolés ou même exclus de la grande famille européenne. Les frontières ouvertes permettent de passer sans difficulté d'une nation à l'autre et les jeux des douaniers et contrebandiers ne sont plus d'actualité. L'Empereur Conrad III qui avait cerné la cité renégate de Weinsberg sur le Neckar, décida d'user de psychologie pour inciter les assiégés à se rendre. Il promit leur liberté aux femmes de la ville.

De quoi vivraient-elles après avoir abandonné maisons et biens? rétorquèrent-elles. Considérant cette réponse justifiée, l'empereur permit à chaque femme d'emporter ce dont elle pourrait se charger. Les portes de la ville s'ouvrirent à l'heure indiquée pour laisser passer une longue procession de femmes, chacune portant son mari sur son dos. Un stratagème qui désarma le courroux du vainqueur!

Jusqu'à présent, il n'a été question que des hommes allemands, affairés à missionner les païens, construire des digues ou des églises, extraire du charbon, jouer au football et programmer des ordinateurs. Mais tout au long de ce récit, aucun mot n'a encore été dit sur les femmes…

Sie sind dabei, die herkömmliche Politik zu unterwandern. Sie geben Deutschland ein neues Antlitz. Wie es genau aussehen wird, wagt keiner vorauszusagen, der die Frauen kennt. Doch sind manche von einer märchenhaften Entwicklung überzeugt.

We have been speaking of the Germans up to now as if they were exclusively male, digging the dykes, building the churches, mining the coal, winning the football matches and writing the computer programs. The women have been ignored.

We are not the only people who are so inattentive. In spite of that, German women always remind one of the women of Weinsberg. Twice during the World Wars of our century, they have kept house, raised their family and supported what was left of their menfolk in a new life. After that, the male attempt to silence them was doomed to failure. It were the women who cleared the mountains of rubble from the bombsites, who created the "Fraeuleinwunder" as the antithesis of the Hausfrau and who won themselves a place in the universities. They are on their way to infiltrating the conventional world of politics. They are giving Germany a new face. Nobody who knows women will dare to guess at the future, but many suspect that we have a few fairytale developments ahead of us.

C'est une inattention que nous partageons malheureusement avec bien d'autres peuples. Et pourtant, que les femmes allemandes d'aujourd'hui rappellent celles de Weinsberg! Durant les deux grandes guerres de ce siècle, ce sont elles qui ont maintenu la maison en ordre, élevé les enfants et aidé les maris qui n'étaient pas tombés à se bâtir une nouvelle existence. Les hommes ont bien tenté ultérieurement de retrouver leur apanage, mais sans y parvenir vraiment. Les femmes ont déblayé les ruines, inventé l'émancipation et conquis leur place sur les bancs des universités. Elle s'insèrent aujourd'hui dans la politique établie, et donnent à l'Allemagne une physionomie nouvelle. Personne n'oserait la définir pour l'instant, mais certains qui connaissent les femmes, parlent d'un développement prodigieux…

So vielseitig wie in seinen Landschaften ist Deutschland auch in seinen Grenzen. Die Bundesrepublik reicht im Süden an den Alpenrand heran, im Norden an die Küsten zweier Meere, im Westen gibt es alte Nachbarschaften und im Osten endet sie an der Oder. Geschlossen und gesichert nach der einen Seite, war Deutschland auf der anderen von jeher offen zum Wasser. Über Wasser kam das Christentum mit den irdischen Bekehrern, vom Wasser kamen später auch die Wikinger, heidnische Herausforderer für das Christentum Europas, und segelten den Rhein hinauf bis ins heilige Köln. Zur Kaiserzeit lag Deutschlands Zukunft auf dem Wasser. Heute ist vor allem Deutschlands Freizeit dort zu finden, alljährlich im Sommer zur Reisezeit – und jedes Jahr im Frühling, wenn die Spitzensportler sich zur Kieler Woche treffen.

Germany's wide variety of scenery is reflected in the changing landscape of its borders. The south is bounded by the massive block of the Alps, whereas the flat coast of the north is washed by the North Sea and the Baltic. Time-honoured neighbours range along an inconspicuous western border, while to the east the border goes to the Oder. The Alps have always been a protective wall while the coast was open to every kind of invasion. The boats of St.Boniface and other Irish missionaries arrived in the eighth century, but their work of converting the heathen was soon challenged when the formidable longships of the Vikings thrust up the Rhine to Cologne. Later the northern harbours became the lifeline of Germany's trade under the Kaisers. Now holiday makers invade the caostline in summer.

Les frontières de l'Allemagne sont aussi diversifiées que ses paysages. Le pays s'arrête à la chaîne des Alpes dans le Sud. Au Nord, il est bordé par les côtes de deux mers. Il a des vieux voisins à l'Ouest et le fleuve Oder est la frontière à l'Est. Si l'Allemagne est bien fermée et protégée d'un côte, elle a été de tout temps accessible par la voie des eaux dans l'Est et dans le Nord. Les Irlandais, apporteurs du christianisme, ont traversé l'eau. Ils ont été suivis par les Vikings païens qui remontèrent le Rhin jusqu'à la Cologne Sainte. A l'époque de l'empire, l'avenir de l'Allemagne reposait sur l'eau. Aujourd'hui, ses habitants y passent surtout leurs moments de loisirs. Les bords de fleuves et des mers sont envahis à la belle saison par les vacanciers. Et chaque année au printemps, les grands sportifs se retrouvent aux régates de «la semaine de Kiel».

Kiel ist Schleswig-Holsteins Landeshauptstadt, erkennbar durch die Ministerien, die zum großen Teil ihre Fronten zum Hafen hin ausgerichtet haben. Städtischer Mittelpunkt ist der „Kleine Kiel" mit dem Rathaus. – Hier am nördlichsten Zipfel Deutschlands, an der Flensburger Förde mit Blick auf die Dänische Küste liegt Glücksburg. Die vier massigen Türme des Glücksburger Schlosses, das Wahrzeichen der Stadt, stechen stolz aus dem Teich der Schwennau hervor. Zwischen 1582-1587 ließ der Sonderburger Herzog Johann d. J. das Schloss erbauen.

Kiel is the capital of the state of Schleswig-Holstein, which is evident from its ministries, most of which look out over the harbour. The centre of the town, with the Town Hall, is called „Kleine Kiel", or Little Kiel. – Here, at the northernmost tip of Germany stands Gluecksburg, situated on the Flensburg Foerde with a view of the Danish coast. The four massive towers of Gluecksburg castle, the town's most prominent landmark, soar proudly over the waters of the lake of Schwennau. Johann the Younger, Duke of Sonderburg, had this castle built between 1582 and 1587.

Kiel est la capitale du Schleswig-Holstein, ainsi qu'en témoignent les ministères dont la plupart regardent sur le port. Le coeur de la ville où se trouve l'hôtel de ville est appelé «Kleine Kiel» (Petit Kiel). – Ici, à la pointe nord de l'Allemagne, s'étend Gluecksburg, située sur la Flensburger Foerde, en face de la côte danoise. Les quatre tours massives du château de Gluecksburg, le symbole de la ville, se dressent fièrement au dessus du lac de Schwennau. Il fut érigé par le duc Jean le Jeune de Sonderburg entre 1582 et 1587.

Im 14. Jahrhundert entwickelte sich Flensburg zur Kaufmanns- und Handwerkerstadt. Zahlreiche Bauwerke in der Altstadt erzählen vom Rumhandel und von den Reedereien, die Kaffee, Baumwolle und andere Güter nach Flensburg brachten. – Die Fehmarnsundbrücke ist eine lebenswichtige Landverbindung für Fehmarn. Sie ermöglicht es, die Insel mit den benötigten Gütern zu versorgen und die Gäste haben die Möglichkeit die Insel bequem zu erreichen. Seit 1963 trotzt die Brücke nun Wind und Wetter und lässt unzählige Fahrzeuge passieren.

Flensburg developed as a merchants and tradesmans town in the 14th century. Numerous buildings in the old town bear witness to the rum trade and the shipowners who brought coffee, cotton and other goods to Flensburg. – The bridge over Fehmarn Sound is a vitally important mainland link for the island of Fehmarn. All necessary goods can be supplied by road and there is easy access to the island for visitors. Since 1963 the bridge has triumphed over wind and weather and has enabled countless vehicles to pass from one side to the other.

Flensburg devint une ville de négociants et d'artisans au 14e siècle. Dans la vieille ville, de nombreux édifices témoignent de l'activité des compagnies de navigations qui apportaient le café et le coton à Flensburg. – Le pont sur le Fehmarnsund est une liaison vitale pour Fehmarn. Ce pont permet à l'île d'être approvisionnée en marchandises nécessaires et aux visiteurs d'atteindre l'île sans difficulté. Depuis 1963, le pont résiste au vent et aux intempéries, et permet le passage d'une quantité innombrable de voitures.

Travemündes Strand ist feinsandig, 4,5 Kilometer lang und so breit wie nirgendwo sonst an der deutschen Ostseeküste. Doch nicht nur an dem Sandstrand kann sich der Besucher erfreuen, es gibt Felsstrand, den Grünstrand und das Steilufer. Überhaupt bietet die Natur viel um Travemünde. Zum Wahrzeichen Travemündes ist inzwischen der Windjammer „Passat" geworden, insgesamt hat dieser 39mal Kap Hoorn und sogar die Welt umrundet. Seit 1960 liegt er hier als Schulschiff vor Anker und kann besichtigt werden.

The beach of fine sand at Travemuende is 4.5 kilometres long and wider than any other beach along the German Baltic coast. But visitors do not come here simply to enjoy the sandy shore-line. There is a rocky beach, a green beach, steep coastal cliffs and more than enough of interest to nature-lovers. These days Travemuende's most famous landmark is the windjammer 'Passat', which in its heyday rounded Cape Horn thirty-nine times and even sailed right around the world. The 'Passat', now a training ship, has lain at anchor here since 1960 and is open to visitors.

La plage de sable fin de Travemünde est longue de 4,5 kilomètres et plus large qu'aucune autre plage allemande de la côte baltique. Mais elle n'est pas l'unique attraction de cette superbe station balnéaire. Les vacanciers trouveront ici une nature magnifique avec des rivages rocheux ou verdoyants, des falaises abruptes et autres lieux sauvages. Le symbole de la ville est aujourd'hui le voilier «Passat» qui a contourné 39 fois le Cap Horn et même fait le tour du monde. Depuis 1960, il a jeté l'ancre et est devenu un bateau-école, ouvert au public.

Die alte Hansestadt Lübeck ist sicher die bedeutendste Stadt Schleswig-Holsteins. Das ist im Wesentlichen darauf zurückzuführen, dass der Kern der Stadt noch fast unverändert seinen alten Grundriss hat, und dass vieles der alten Bausubstanz von der reichen Geschichte berichtet. Mit dem hier abgebildeten Holstentor haben wir das markanteste Wahrzeichen der Stadt vor uns. Es wurde im Sumpfgebiet der Trave auf Pfählen erbaut und entstand zwischen 1469 und 1478 nach dem Vorbild flandrischer Brückentore.

The old Hanseatic city of Schleswig-Holstein is surely one of the most important towns in Schleswig-Holstein, mainly because of its well preserved old town centre which is laid out according to the original plan and boats many historical buildings. Luebeck is always identified with the Holsten Gate which is pictured here. It was built on piles in the Trave swamp and was used as an artillery tower in the old fortifications. Built between 1469 and 1478, it was modelled on the design of Flanders bridge gates.

L'ancienne ville hanséatic de Luebeck est sans aucun doute la ville historique la plus importante du Schleswig-Holstein. Elle a conservé sa vieille ville d'origine et de nombreux édifices qui racontent un riche passé. La porte dite Holstentor est l'emblème de la ville. Construite sur pilotis dans le marais de la Trave, la porte fortifiée faisait partie d'une grande enceinte qui protégeait la ville. Elle fut édifiée entre 1469 et 1478 d'après le modèle des portes de pont-levis flamandes.

Am 7. Mai 1189 erhielt Hamburg das Privileg, seine Waren auf der ganzen Elbe zollfrei zu verschiffen. Diesen Tag feiern die Hamburger jedes Jahr als Hafengeburtstag. Je nach Wetterlage finden sich rund eine Million Zuschauer und Mitmacher am Elbufer zwischen Baumwall und Fischmarkt ein. Schiffe paradieren, Hafenschlepper tanzen „Ballett", der Zoll demonstriert einen Schmugglerkrimi. Heißen Rock und kaltes Bier gibts auf der bunten Meile der Schausteller. Und in der „Barbarossanacht" erleuchtet ein brilliantes Feuerwerk die Elbe.

It was on May 7th 1189 that Hamburg merchants were granted the privilege of exemption from taxes when transporting goods along the Elbe. This event is celebrated annually on the `Harbour Birthday.' In fine weather up to a million spectators and performers line the banks of the Elbe between Baumwall and Fischmarkt. Ships parade on the water, tugs perform a `ballet' and the customs stage a smuggling whodunit. The riverside show continues with hot rock music and cold beer, and on Barbarossa Night a blazing firework display illuminates the Elbe.

Le 7 mai 1189, Hambourg recevait le privilège de transporter ses marchandises sur l'Elbe sans avoir à payer de douane. Chaque année, les Hambourgeois célèbrent ce jour appelé «l'anniversaire du port». Jusqu'à un million de spectateurs se retrouve sur les rives de l'Elbe entre le quai de Baumwall et le Fischmarkt (marché aux poissons). Les navires paradent, les remorqueurs dansent des «ballets», la Douane met des histoires de contrebandiers en scène. La bière coule à flots et le soir, un feu d'artifice illumine l'Elbe.

Der Stadtstaat Hamburg hat nicht nur den Reiz der Millionenstadt, die Stadt ist ein Gemisch von Geldverdienen und Gemütlichkeit. Die Kneipen an der Hafenstraße und am Fischmarkt dienten den Seeleuten aller sieben Meere als Ankerplatz. Heute sind die Liegezeiten so kurz geworden, dass die Seelords nur noch wenig Zeit zum Landgang haben. Hamburg ist das Tor zu den Meeren der Welt. Gegründet wurde hier vor mehr als tausend Jahren eine Feste „Hammaburg".

The city of Hamburg is also an independent state within the Federal Republic. The people of Hamburg are reckoned to have a very correct, business-like approach to life, though stereotypes are always risky. Mariners from all seven seas used to drop anchor at the bars along Hafenstrasse and the Fischmarkt. Nowadays, however, ships dock for such short periods that crews have very little time to go on land. Hamburg, Germany's gateway to the world's oceans, started its history over a thousand years ago as a Christian settlement with a castle, the Hammaburg.

Hambourg qui constitue un «Land» à elle seule, offre de nombreuses places d'agrément malgré ses étroites frontières. Autrefois, les cafés de la rue Hafenstrasse et du Fischmarkt étaient fréquentés par des marins de toutes les mers du monde. Mais les jours de planche sont si réduits aujourd'hui qu'ils n'ont plus guère le temps de descendre à terre. Hambourg est la porte sur les mers du monde. «Hammaburg», forteresse près de l'obstacle, fut fondée il y a plus de mille ans. La ville prit toutefois de l'importance avec le port.

BREMEN, Roland-Denkmal

Der größte Hafen nach Hamburg ist Bremen. Als die Weser zu verlanden drohte, gründeten die Bürger an der Mündung Bremerhaven und sicherten sich so den Einfluss ihrer Stadt, den Otto I. nach einem Marktprivileg einst gegründet hatte. Nicht Bischöfe, nicht Fürsten, sondern Bürgermeister stehen seit jeher an der Spitze dieser Stadt. Die Tugenden des Handelsbürgertums haben sich unweit von Rathaus und Dom 1404 mit dem Roland ein eigenes Denkmal gesetzt, ein stattliches Standbild der Freiheit und ein Vorbild für die anderen Städte im Reich.

BREMEN, Statue of Roland

Bremen, on the Weser, used to be a port second only to Hamburg. The city lies well inland, and when in the 19th century its livelihood was threatened by accumulating silt in the Weser, the mayor decided to build a new port, Bremerhaven, at the very mouth of the river. Dukes and bishops may have laid down the law elsewhere in Germany, but in Bremen the mayors reigned supreme. The great statue of Roland, dating from 1404, stands before the Town Hall, an impressive monument to the almost defiant pride and independence of Bremen's townspeople.

BREMEN, Statue de Roland

Brême était le deuxième port d'Allemagne après Hambourg. Comme la Weser menaçait de se dessécher, les habitants de la ville fondèrent Bremerhaven à son embouchure, préservant ainsi l'influence de leur ville qu'Otto I avait autrefois édifiée. Ni les évêques, ni les princes, mais les bourgmestres ont de tous temps régné sur cette ville. Les vertus de la bourgeoisie commerçante sont symbolisées par la fière statue de Roland dressée en 1404 en face de la cathédrale.

Das Wendland hat mit vielen liebenswerten Orten wie Lüchow, Dannenberg und Hitzacker mit ihren vielgiebeligen und denkmalgeschützten Fachwerk-Innenstädten einiges zu bieten. Interessante Informationen erhält man im Archäologischen Zentrum in Hitzacker und der Findlingspark bei Clenze ist Tag und Nacht zugänglich. Für die kleinen Kapellen und Dorfkirchen der Region holt man sich die Schlüssel bei den Küstern – eine Atempause für Leib und Seele. Besonders sehenswert: die wendländischen Rundlingsdörfer.

The region known as Wendland has much to interest the visitor, including many attractive little places such as Luechow, Dannenberg and Hitzacker, whose town centres are full of many-gabled, pretty half-timbered houses now designated as historical monuments. Interesting information on the area can be found in the Archeological Centre in Hitzacker, and the glacial boulder Findlingspark in Clenze is open to visitors day and night. To explore the small churches and chapels of the area it is necessary to fetch a key from the churchwarden.

La région appelée Wendland est très attirante grâce notamment au charme de ses villes et villages tels que Luechow, Dannenberg et Hitzacker. Leurs quartiers anciens, dotés d'admirables maisons à pignons et colombages, sont placés sous la protection des monuments. Les visiteurs obtiendront des informations intéressantes sur ces agglomérations au centre archéologique de Hitzacker. Le parc «Findlingspark», près de Clenze est ouvert jour et nuit. À voir également : les villages ronds du Wendland. On apprendra pourquoi les villages de ce terroir sont construits en cercle .

Die Altstadt Celles zeigt uns eine wunderbare Sammlung von reich geschmückten Bürgerhäusern, die dem Ort ein mittelalterliches Gepräge geben. Sie stammen zum Teil aus der Spätgotik, sind aber vielfach dann im Stil späterer Jahrhunderte überbaut worden. – Als Marktort an der Leine ist Hannover groß geworden, und heute trifft sich hier die Industrie der Welt alljährlich zur „Hannover Messe", mit sechstausend Firmen die größte Industrieausstellung der Erde. Die Stadt ist heute Landeshauptstadt Niedersachsens.

The old town of Celle displays a wonderful collection of richly decorated townhouses which lend the area a medieval air. They are partly late gothic, though many have been given later facades. – Hannover started out life as a market town on the river Leine, and today there is still a market here where industry from all over the world comes to trade its wares: the "Hannover Messe". With six thousand firms showing their products, the Hannover Trade Fair is the biggest industrial exhibition in the world.

La vieille ville de Celle possède de nombreuses maisons patriciennes richement décorées qui donnent un cachet médiéval à l'endroit. Plusieurs d'entre elles datent à l'origine de la période du gothic tardif, mais ont été restaurées dans les différent styles des époques ultérieures. – Hannovre s'est développée comme centre commercial dans la vallée de la Leine. Aujourd'hui, la foire de Hannovre attire annuellement toutes les grandes industries du monde. Les six mille firmes qui s'y retrouvent font d'elle la plus grande exposition industrielle de la terre.

△ HANNOVER, Neues Rathaus am Maschteich   ▽ HANNOVER, Schlosspark Herrenhausen

Das Knochenhaueramtshaus von 1529 und das Wedekindhaus am Marktplatz in Hildesheim sind alte und prächtig geschmückte Renaissance-bauten mit geschnitzten und bemalten Brüstungsplatten. Das Tempel-haus mit seinen beiden Rundtürmen, Spitzbogenfenstern und zweige-schossiger Auslucht ist im Original erhalten. – Braunschweig war einst eine reiche Stadt, mit Heinrich dem Löwen für immer verbunden. Als die Herzöge dann ihre Residenz nach Wolfenbüttel verlegten, blühte auch in Braunschweig bürgerliches Selbst-bewusstsein auf. Der Altstadtmarkt mit der Martinikirche hat seitdem als Ensemble überdauert.

Knochenhaueramtshaus (1529) and the Wedekind House on the market square are impressive renaissance buildings with carved and painted breastplates. The Temple House with roundtowers, arched windows and two-storey bay window can be seen in its original form. – Braunschweig (Brunswick) managed to break away from its feudal rulers for two and a half centuries to become one of the powerful towns of the Hanseatic League.

L'édifice dit «Knochenhaueramtshaus» de 1529 et la maison de Wedekind sur la place du Marché sont de beaux édi-fices Renaissance aux balustrades sculptées et décorées de peintures. Le «Tempelhaus» aux deux tours rondes, fenêtres en ogives et construction en saillie sur deux étages est l'édifice d'origine. – Henri le Lion éleva Bruns-wick au rang de ville. Après que les ducs eurent transféré leurs résidence à Wolfenbuttel, Brunswick connut son âge d'or quand elle entra dans la ligue hanséatique. Le Vieux Marché et la Martinikirche datent de cette époque.

Ist schon die Aussicht von den Terrassen am Fuße der riesigen Steinsäule überwältigend, so wird sie noch gesteigert, wenn man in ihre Krone hinaufsteigt. Wohin auch immer die Augen schweifen, der Ausblick ist grandios. Jenseits des Flusses Helme liegen die Höhenzüge des Harzes und im Osten Sangerhausen mit seinen Anlagen des Kupferschieferbaus. In Richtung Süden erkennt man die Thüringer Pforte bei den Sachsenburgen. Westlich liegt Nordhausen und die Windleite. Zu Füßen des Denkmals breitet sich die „Goldene Aue" aus.

Even from the terrace of the huge stone Kyffhaeuser monument the view is breathtaking, and it is even more overwhelming from the top. In every direction there is a grandiose panorama which extends for miles in every direction. On the far side of the river Helme there are the distant mountains of the Harz, while to the east stands Sangerhausen with its slate hills and copper mines. To the west is Nordhausen and the sandstone heights of Windleite, at the foot of the monument lie the expanses of the so-called "Golden Meadow".

Le panorama que l'on découvre depuis la terrasse qui constitue le pied du monument du Kyffhaeuser est déjà très impressionnant, mais il devient grandiose quand on monte au sommet de l'architecture imposante. Le paysage s'étale à perte de vue. Les hauteurs du Harz se dressent au-delà de la rivière Helme; à l'Est, on aperçoit Sangerhausen. Nordhausen s'étend à l'Ouest tandis que le paysage magnifique appelé «Goldene Aue» (les champs d'or) se déroulent devant le monument.

Der Dom wurde auf einem Felsen erbaut. Nach einer Brandkatastrophe wurde das Gotteshaus nach 1207 als frühestes gotisches Bauwerk Deutschlands bis 1520 errichtet. Es war die Kathedrale des Erzbistums, welche 937 Kaiser Otto I. stiftete. Der Kaiser wurde im Hohen Chor des Doms beigesetzt. Der Dom überstand 1631 die vollständige Zerstörung der Stadt. Die Kriegbeschädigungen wurden behoben und seit 1957 werden hier wieder Gottesdienste gefeiert.

The cathedral was built on a rock. After a great fire, the church was rebuilt between 1207 and 1520 as one of Germany's first Gothic buildings. It was the cathedral of the archdiocese founded by Otto I in 937. This emperor's tomb is in the chancel. The cathedral survived the total destruction of the city in 1631. Severe damage was caused in 1945, but services are held again since 1957.

La cathédrale a été construite sur un rocher qui à basses eaux de l'Elbe émerge du fleuve. Après un incendie, on reconstruisit de 1207 à 1520 une église qui représente la plus ancienne construction gothique de l'Allemagne. C'était la cathédrale de l'évêché fondé par Othon Ier. Cet empereur a encore son tombeau d'origine dans le chœur. La cathédrale survécut en 1631 à la destruction complète de la ville. Elle fut sévèrement touchée en 1945 mais depuis 1957 on peut à nouveau y célébrer les offices religieux.

HALLE – Sachsen-Anhalt

Bereits 961 gab es die Burg Giebichen-stein. In ihrem Schutz wuchs eine der vier Siedlungen, die später Halle bilde-ten. Die Burg war erste Residenz der Erzbischöfe von Magdeburg. Die Ober-burg brannte 1636 aus. Die Tierplastiken an der Saalebrücke (1928) stammen von Gerhard Marcks. Eine Saalefurt und früh genutzte Solequellen als Voraussetzung lukrativer Salzgewinnung bestimmten Halles Historie. Nach 1650 kam die schnell wachsende Chemieindustrie (Buna, Leuna) hinzu.

HALLE – Sachsen-Anhalt

Burg Giebichenstein goes right back to the year 961. Under its protection, one of the four settlements devel-oped that were to become Halle. The castle was the first residence of the Archbishops of Magdeburg. The Upper Castle burned down in 1636. The animal sculptures on the bridge over the Saale (1928) are by Gerhard Marcks. A ford across the Saale, and saline springs, the basis for a lucrative salt industry, determined Halle's histo-ry. Around 1650 the rapidly develop-ing chemical industry (Buna, Leuna) started up, too.

HALLE – Sachsen-Anhalt

Le château fort de Giebichenstein existait déjà en 961. Sous sa protec-tion se développa une des quatre colonies qui, plus tard, formèrent la ville de Halle. Le château fut la premiè-re résidence des archevêques de Mag-debourg. Le donjon brûla en 1636. Les sculptures d'animaux du pont de la Saale (1928) sont de Gerhard Marcks. Une gué de la Saale et une source d'eau saline, utilisée autrefois pour l'extraction lucrative du sel, ont déter-miné l'histoire de Halle. Le dével-oppement rapide de l'industrie che-mique (Buna, Leuna) s'y ajouta à partir de 1650.

Heute noch hat die auf einer Insel zwischen Plauer-, Beetz- und Breitlingsee gelegene Stadt die meisten wertvollen Bauten des Mittelalters im Lande Brandenburg. Dazu gehört auch der mächtige Dom St.Peter und Paul auf der Dominsel. – So reich Potsdam an Schlössern auch war und noch ist, so hat doch kein anderes solchen Weltruhm erlangt wie Schloss Sanssouci. Friedrich II., genannt der Große, König von Preußen, hat die ersten Entwürfe für dieses Schloss „Ohnesorge" selber gefertigt, sein Baumeister Wenzeslaus von Knobelsdorff hat den Prachtbau ausgeführt.

Brandenburg stands on an island between the lakes of Plauer, Beetz and Breitling, and nowhere else in the state of Brandenburg there are so many splendid medieval buildings as here. One of these is the great cathedral of St.Peter and St.Paul on the cathedral island. – As rich as Potsdam was, and still is, in palaces, none has achieved the international fame of Sanssouci. It was Frederick the Great, King of Prussia, who drew up the original plans for the palace named "carefree", and employed his architect Knobelsdorff to carry out work on this magnificent building.

La ville qui s'étend sur une île entre les lacs de Plauer, de Beetz et de Breitling abrite les plus beaux édifices médiévaux de l'état de Brandebourg. L'un d'eux est la majestueuse cathédrale St-Pierre-et-St-Paul sur l'île du Dom. – Potsdam possède encore de nombreux châteaux, mais aucun n'est aussi mondialement connu que le palais de Sans-Souci. Frédéric II, appelé le Grand, roi de Prusse, conçut lui-même les premiers plans du château que réalisa son maître d'œuvre, Wenzeslaus von Knobelsdorff.

Berlin ist eine grüne Stadt. Nicht nur die Straßenbäume, auch die vielen Wälder haben der Stadt zu diesem Ruf verholfen. Die Havel besteht aus einer Aneinanderreihung von Seen, von denen der Wannsee der bekannteste ist. Das auch in Schlagern besungene Strandbad ist fast schon zur Legende geworden. Wo viel Wasser ist, liegt es nahe, dass die Wassersportler nicht weit sind. So gibt es ungezählte Wassersportvereine aller Sparten, die ihre Boots- und Vereinshäuser an den Havelseen, dem Müggelsee oder an einem der Wasserläufe besitzen.

Berlin is a green city. Not only its tree-lined streets but also its many woods have helped to establish this reputation. The Havel really is a string of lakes, Wannsee being the most famous one. This lake, which is featured in popular songs, has almost become a legend. With so much water, it is clear that aquatic sports play an important role. There are numerous clubs of all kinds which have their boats and clubhouses on the Mueggelsee, the lakes of the Havel or one of the other bodies of water.

Berlin est une ville verdoyante. Elle possède nombreuses rues ombragées ainsi que de vastes espaces verts et boisés. La rivière Havel forme une succession de lacs dont le plus connu est le Wannsee. La fameuse plage de Wannsee, chantée dans plusieurs mélodies populaires, fait partie de la vie des Berlinois. Un grand nombre de clubs de sports nautique bordent les rivages des lacs de la Havel, du Mueggelsee et des cours d'eau environnants. La charmante Pfaueninsel (l'île aux paons) est située sur la Havel.

Das Brandenburger Tor im Herzen von Berlin wurde nach dem Mauerbau 1961 wie kein anderes Bauwerk zum Symbol der geteilten Stadt. Der Torbau wurde 1788-1791 auf Anordnung König Friedrichs II. nach dem Vorbild der Propyläen in Athen geschaffen. Es wird gekrönt durch eine nach Osten fahrende Quadriga mit der Siegesgöttin Victoria. Das Brandenburger Tor war das erste klassizistische Bauwerk in Berlin und sollte der Prachtstraße Unter den Linden einen prunkvollen architektonischen Abschluss geben.

The Brandenburg Gate, in the very heart of Berlin, became the prime symbol of the divided city after the construction of the Berlin Wall in 1961. Modelled on the Propylaeum in Athens, the gateway was built between 1788 and 1791 on the orders of King Frederick II. It is crowned by the Quadriga, an east-facing four-horse chariot bearing Victoria, goddess of Victory. The Brandenburg Gate, Berlin's first neo-classical edifice, marks the culmination of the grand boulevard of Unter den Linden.

Après la construction du mur en 1961, la Porte de Brandebourg au cœur de Berlin devint le symbole de la ville divisée. La porte fut érigée en 1788–1791 sous le roi Frédéric II, d'après le modèle des Propylées d'Athènes. Elle est surmontée d'un quadrige tourné vers l'Est et que conduit Victoria, la déesse de la victoire. Premier édifice de Berlin bâti en style classique, la Porte de Brandebourg était destinée à fermer le vaste boulevard Unter den Linden d'une architecture monumentale.

Das Reichstagsgebäude als Tagungsort für den Bundestag ist das sinnfällige Symbol für die Wiedereinrichtung der deutschen Hauptstadt in Berlin. Am 19. April 1999 wurde das nach den Plänen von Sir Norman Foster umgebaute Reichstagsgebäude vom deutschen Bundestag übernommen. Die gläserne Kuppel, Wahrzeichen des Gebäudes, ist auch für Besucher begehbar. Die Entstehung eines neuen Stadtteils im ehemaligen Mauer-Grenzbereich ist Ausdruck der Hoffnung in die künftige wirtschaftliche Stahlkraft Berlins.

The redesign of the Reichstag building as the place where the Federal government now convenes is an unmistakable symbol of the transition of power in the Republic from Bonn to Berlin. On 19th April 1999 the German Bundestag held its inaugural session in the building redesigned by Sir Norman Foster. The glass dome, the building's outstanding feature, is open to the public. The erection of a new city quarter near the old German border and the wall is an expression of the hopes invested in Berlin's future economic strength.

La reconstruction du Reichstag, nouveau lieu de réunion du Bundestag, est le symbole incontestable du transfert du pouvoir politique de Bonn à Berlin. Le 19 avril 1999, le Deutsche Bundestag emménagea dans les nouveaux bâtiments du Reichstag, reconstruits conformément aux plans de Sir Norman Foster. La coupole de verre, figure symbolique du bâtiment, est également accessible au public. La construction de tout un quartier nouveau près de l'ancienne frontière et du mur exprime le désir que la ville de Berlin devienne une puissance économique.

Bis 1838 war der Potsdamer Platz eine schlichte Straßenkreuzung. Durch den Bau des Potsdamer Bahnhofs entwickelte sich dort im Herzen Berlins einer der belebtesten Plätze Europas. In den 20er Jahren des 20. Jh. kreuzten sich hier täglich die Wege von 100.000 Menschen, 20.000 Autos und 30 Straßenbahnen. Durch den 2. Weltkrieg wurden 80% des Potsdamer Platzes zerstört und die Teilung Berlins ließ ihn über viele Jahrzehnte zum Niemandsland veröden. Nach dem Fall der Mauer 1989 wurde hier die Bebauung eines riesigen Areals in Angriff genommen.

Up until 1838 Potsdamer Platz was a simple crossroads. Following the construction of the Potsdam Station, this area in the very heart of Berlin developed into one of the liveliest squares in the whole of Europe. In the 1920s, the paths of 100,000 people, 20,000 cars and 30 tram routes crossed here each day. 80% of the Potsdamer Platz were destroyed in the Second World War, and in the forty-year long bisection of the city it faded away into the desolation of no man's land. When the wall came down in 1989 the city of Berlin started a restoration of the Potsdamer Platz area.

Jusqu'en 1838, le Potsdamer Platz n'était qu'un simple carrefour. Depuis la construction de la gare de Potsdam, le Potsdamer Platz, situé en plein centre ville, est devenu l'une des places les plus animées d'Europe. Dans les années vingt, 100.000 personnes y circulèrent quotidiennement ainsi que 20.000 automobilistes et 30 tramways. Le Potsdamer Platz fut détruit à 80% pendant la seconde guerre mondiale et la division de Berlin en fit une zone neutre déserte pendant plus quatre décennies.

Für den westlichen Abschluss der Straße Unter den Linden entwarf der bedeutendste deutsche Architekt des 19. Jahrhundert Karl Friedrich Schinkel die 1822-1824 erbaute Schlossbrücke. Die acht Marmorgruppen auf den hohen Postamenten zeigen das Leben eines Kriegers unter der Leitung der Göttinnen Nike, Minerva, Iris und Palas Athene. Die Brücke überspannt die Spree. Hier legen die Flussfahrtschiffe an, mit denen man interessante Stadtrundfahrten auf den umfangreichen Wasserstraßen durch Berlin unternehmen kann.

The western terminus of the boulevard Unter den Linden, the Schlossbruecke built in 1822-1824, was designed by the most important German architect of the 19th century, Karl Friedrich Schinkel. The eight marble groups of statues on high pediments depict the goddesses Nike, Minerva, Iris and Pallas Athene. The bridge spans the River Spree, and here there is a mooring-place for the river steamers which cruise along Berlin's numerous waterways, offering visitors interesting sightseeing tours of the city.

Le pont «Schlossbruecke» qui ferme le boulevard Unter den Linden à l'ouest, a été bâti entre 1822 et 1824 par Karl Friedrich Schinkel, le plus grand architecte allemand du 19e siècle. Les huit statues en marbre perchées sur hauts piédestaux figurent les déesses Nike, Minerva, Iris et Palas Athene. Le pont recouvre la Spree. C'est ici que font escale les bateaux permettant de faire d'intéressants tours de la ville sur les multiples voies navigables de Berlin.

BERLIN, Schloss Charlottenburg

Das schönste Denkmal aus der Preußenzeit ist immer noch das Schloss der Königin Charlotte nach dem Vorbild Versailles.

The finest monuments of the Prussian era is surely Charlottenburg, built for Queen Charlotte in the 18th century and modelled on Versailles.

Le château de la reine Charlotte, construit sur le modèle de Versailles, reste le plus beau monument de l'époque prussienne.

Mecklenburgische Seenplatte, Röbel ▷

Bei der Urlaubersiedlung Klink weitet sich der See zu jener Größe, die den slawischen Namen Müritz rechtfertigt. Er kommt nämlich von dem Wort „morje" und heißt Meer. Mit einer Wasserfläche von 116 Quadratkilometern ist die Müritz nicht nur der größte See Mecklenburg-Vorpommerns, sondern auch der größte rein deutsche See überhaupt. Auf seinem Ostufer dehnt sich der Müritz-Nationalpark.

At the holiday resort of Klink the lake reaches a size that justifies its name of Mueritz, for the word derives from the Slavic word "morje", which means sea. With an area of 116 square kilometres, the lake of Mueritz is the not only the largest in Mecklenburg-Vorpommern but is also the largest within the frontiers of Germany. The Mueritz National Park extends along its eastern shore.

Ce n'est qu'à partir de la ville de villégiature Klink que le lac prend la dimension qui justifie son nom. Mueritz est en effet dérivé du mot slave «morje» signifiant mer. D'une superficie de 116 km², le lac de Mueritz n'est pas seulement le plus grand lac du Mecklembourg-Poméranie-Occidentale, mais aussi le plus grand lac du pays appartenant entièrement à l'Allemagne. Le Parc national de Mueritz s'étend sur sa rive orientale.

Auf einer kleinen Insel im Schweriner See ließ Heinrich der Löwe 1160 nahe dem Ufer, an Stelle der von ihm zerstörten Slawenburg Suarin, eine neue Burg bauen. Aus ihr entwickelte sich das heutige Schloss, Sitz des Landtages. Mit seinen 365 Türmen und Türmchen sieht es aus wie ein Märchenschloss, ein norddeutsches Gegenstück zu Neuschwanstein. Sein heutiges Aussehen bekam das Schloss 1843-57 durch die Baumeister Demmler und Willemann nach ersten Ideen von Gottfried Semper. Es wurde dem Schloss Chambord an der Loire nachempfunden.

In the twelfth century Duke Henry the Lion destroyed the Slav fort of Suarin, which stood on the shore of an island on Lake Schwerin. In its place he built a new castle that over the centuries developed into the present palace, now seat of the state parliament. With its 365 towers and turrets it resembles a fairytale castle, a North German counterpart of Neuschwanstein. The exterior dates from 1843-57, when Demmler and Willemann rebuilt the castle. The architect was Gottfried Semper, who modelled his design on Château Chambord on the Loire.

En 1160, Henri le Lion détruisit le fort slave de Suarin qui se dressait sur une petite île du lac Schwerin et fit construire à son emplacement un nouveau château duquel se développa le château actuel, aujourd'hui siège du Parlement du Land. Orné de 365 tours et tourelles, l'édifice évoque un château de contes de fées et est le pendant au Nord de l'Allemagne du château bavarois de Neuschwanstein. Les architectes Demmler et Willemann créèrent sa physionomie actuelle en 1843-57, sur des plans de Gottfried Semper qui s'était inspiré du château de Chambord.

Die schönsten Kreidefelsen findet der Besucher in der berühmten Stubbenkammer. Hier ragt auch der 120 Meter hohe Königsstuhl auf. Nach einer alten Sage war demjenigen die Königsherrschaft über Rügen sicher, der den Königsstuhl vom Meer aus besteigen konnte. Da nach der Überlieferung jedoch niemand diese Probe bestand, hat es nie einen König über Rügen gegeben. Diese weißen Kreidefelsen, umrahmt vom leuchtenden Grün der Wälder und gesäumt vom zarten Grau der Ostsee, gehören zu den schönsten Farbspielen in Deutschland.

The finest chalk cliffs of Ruegen are to be found at the famous Stubbenkammer, where the precipitous "Koenigsstuhl", or king's throne, rises 120 metres above the waves. According to a legend anyone who wished to subjugate Ruegen had to climb to the top of the Koenigsstuhl from the sea. As no one ever succeeded in this, the story continues, Ruegen has never been ruled by a king. These white chalk cliffs, framed by the brilliant green of the woods and washed by the silver-grey waters of the Baltic, make one of the most vividly colourful scenes in all Germany.

Les plus belles falaises se dressent au célèbre endroit appelé «Stubbenkammer» où le «Koenigsstuhl» ou trône royal surplombe la mer de 120 mètres. Selon une légende, celui qui parviendrait à grimper au sommet du rocher depuis la mer recevrait Ruegen en royaume, mais Ruegen n'eut jamais de roi car personne ne réussit l'épreuve. Les falaises blanches encadrées du vert brillant des forêts et baignées des eaux argentées de la Baltique dessinent un des paysages les plus colorés d'Allemagne.

Von ihrer zerrissenen Gestalt her, dem Nebeneinander von Wasser und schmalen Landzungen, ähnelt die Insel Usedom Rügen. Doch Usedom, an dessen Ostrand heute die polnische Grenze verläuft, ist stiller. Bei der Stadt Usedom an der von Anklam herüberkommenden Straße liegt der Usedomer See, eine boddenartige Wasserfläche. Einen ersten Eindruck von der Insel Usedom kann man am besten bekommen, wenn man von Wolgast aus hinüberfährt und dann der einzigen Straße über die schmale Insel folgt bis vor die polnische Grenze.

The Baltic islands of Usedom and Ruegen have their extremely irregular shape in common. In their jumble of narrow peninsulas and headlands, landscape here becomes inextricably mingled with seascape. Usedom, however, is far less lively than Ruegen. The Polish border runs through its eastern section, while the town of Usedom on the south-west shore is accessible directly from the mainland. The best way to see the island is to drive over from Wolgast, follow the road along the narrow north shore to the Polish border and return southwards to Anklam.

Les îles baltes d'Usedom et de Ruegen se ressemblent par leur configuration très irrégulière et leur enchevêtrement de lagunes et d'étroites langues de terre. Cependant Usedom est bien moins animée que Ruegen. La frontière polonaise traverse sa partie orientale tandis que le lac d'Usedom s'étend près de la ville du même nom qui est accessible depuis le continent. La meilleure façon d'avoir un aperçu de l'île est de partir de Wolgast, de suivre l'unique route le long du littoral étroit jusqu'à la frontière polonaise.

Vielbesungen und oft gerühmt wurde das Elbsandsteingebirge mit seinen abenteuerlich zerklüfteten Felsformationen und hohen Tafelbergen, wie Lilienstein und Königstein. Wer wird angesichts der herrlichen Wälder, Höhlen und heimlichen Pfade nicht ins Träumen kommen? Wer wird sich nicht wünschen, wieder ein Kind zu sein und im fabelhaften Indianerspiel mit Kriegsbemalung und einer ganzen Horde wilder Stammesbrüder den Kampf gegen den weißen Mann aufzunehmen? In majestätischen Schleifen windet sich die Elbe durch das Elbsandsteingebirge gen Dresden.

Its praises have often been sung, the Elbsandsteingebirge with its breathtaking jagged rock formations and its high table mountains, such as Lilienstein or Koenigstein. The magnificent forests, caves and secret pathways are an irresistible invitation to daydream. Is there a visitor who will not discover a secret wish to be a child again, to put on war paint and join a fabulous horde of wild Red Indians in a fearsome battle against the white man? The Elbe winds its majestic way to Dresden through the sandstone mountains.

Souvent chanté et glorifié, le Elbsandsteingebirge est constitué de curieuses formations rocheuses crevassées et de hautes montagnes comme Lilienstein et Kœnigstein. Qui, devant ces magnifiques forêts, cavernes et sentiers perdus, ne se prendrait-il pas à rêver? Qui ne souhaiterait pas alors retomber en enfance et jouer aux peaux rouges pour reprendre le combat contre les visages pâles? En larges méandres majestueux, l'Elbe se fraie un passage à travers le «Elbsandsteingebirge» en direction de Dresden.

Maßgeblicher Bestandteil der Dresdner Stadt-kulisse ist die Brühlsche Terrasse. Heinrich Graf Brühl, einflussreicher Premierminister Augusts III., erkannte die vortreffliche Lage seines Palais' unmittelbar an der ehemaligen Befestigungs-anlage der Stadt. Er erbat sich die Mauern von seinem Kurfürsten, ließ sie mit Sand und Steinen aufschütten, baute eine kleine Brücke und konnte so direkt vom ersten Stock seines Hauses das erhöhte Terrain erreichen, wo er fortan mit seinen Gästen genüsslich lustwandelte.

The Brühl Terrace is one of the key elements of Dresden's townscape. Count Henry of Brühl, August III's influential prime minister, was quick to recognize the exquisite location of his palace directly adjacent to the former fortifications. He requested the walls from his elector, had them filled up with sand and stones, built a small bridge and thus could walk directly from the first floor of his residence to the raised area where he henceforth promenaded with his guests at his leisure.

La terrasse de Brühl est un élément important du panorama de Dresde. Le comte Henri de Brühl, premier ministre influent d'Auguste III s'étant aper-çu de la situation particulière de son palais (très proche des anciennes fortifications de la ville) demanda à son prince-électeur l'autorisation de recouvrir les remparts de sable et de pierres. Il fit construire un petit pont reliant ce terrain suréle-vé au premier étage de son palais.

Eines der berühmten Jagdschlösser Augusts des Starken steht in Moritzburg. Die geschlossene symmetrische Schloss- und Parkanlage thront inmitten einer natürlichen Seen- und Teichlandschaft, zwölf Kilometer von Dresden entfernt. Das herrliche, barocke Schloss hat vier wuchtige Türme und eine Kapelle. Nicht nur jagdlichen Vergnügungen frönte König August, auch zahlreiche andere Festivitäten und Bälle fanden im Moritzburger Schloss statt. Davon künden die vier Prunksäle innerhalb des Hauses.

One of the most famous hunting castles of August the Strong is in Moritzburg. The compact, symmetrical castle and park is enthroned in the midst of a natural landscape of lakes and ponds, twelve kilometres away from Dresden. The splendid baroque castle has four mighty towers and a chapel. King August didn't just indulge in the pleasures of hunting; numerous festivities and balls also took place at Moritzburg. The four staterooms inside the building are an indication of this.

L'un des plus célèbres châteaux de chasse d'Auguste le Fort se trouve à Moritzburg à 12 kilomètres de Dresde. Le château et le parc sont intégrés dans un paysage naturel de lacs et d'étang. Le magnifique château baroque possède 4 tours imposantes et une chapelle. Le roi Auguste n'appréciait pas seulement les plaisirs de la chasse; le château de Moritzburg servait aussi de cadre à de nombreuses festivités et à des bals. Les salles d'apparat richement décorée de cette demeure en témoignent avec leurs plafonds en stuc doré et leurs lustres surchargés.

Ganz Meissen scheint, in goldenes Abendlicht getaucht, sein malerisches Konterfei im Wasser der vorbeifließenden Elbe zu betrachten. Hier stand die Wiege Sachsens: In der Albrechtsburg gleich neben dem zierlichen Meissener Dom, residierten die ersten Landesfürsten, die Markgrafen von Meissen. Neben ihrer bemerkenswert reichen Architektur im Stil der Renaissance bietet die Burg noch eine andere Eigenart. Sie gilt als das erste Wohnschloss Deutschlands. Ähnlich traditionsreich ist die Fertigung von Porzellan in der Meissener Manufaktur.

The whole of Meissen seems to be watching its picturesque reflection in the waters of the Elbe at evening time. This is Saxony's birthplace: the Albrechtsburg, right next to the delicate cathedral, was the residence of the first rulers, the margraves of Meissen. The castle with its remarkably ornate Renaissance architecture is noteworthy for another reason, too. It is considered the first residential castle in Germany. The manufacture of porcelain in the Meissen workshops looks back on a similarly long tradition.

Meissen, plongée dans la lumière dorée du couchant, semble contempler son reflet dans l'Elbe qui la borde. Très connue pour sa manufacture de porcelaines cette ville est le berceau de la Saxe. Dans le château Albrecht, juste à côté de la cathédrale de Meissen, résidèrent les premiers princes, les margraves de Meissen. Outre une architecture singulièrement riche de style Renaissance, le château offre également une autre particularité. Il est considéré comme le premier château habité de l'Allemagne.

Durch die Handelswege hat sich die Stadt wirtschaftlich wie kulturell zu einem zentralen Punkt in Deutschland entwickelt. Nachdem die Stadtgründung um das Jahr 1165 erfolgte, entwickelte sich hier die Markttätigkeit in verstärktem Maße. Bereits im 12. Jahrhundert gab es für den Handel eine Oster- und eine Michaelismesse. 1458 kam die Neujahrsmesse hinzu. Mit der Verleihung des Messeprivilegs „Reichsmesse" durch Kaiser Maximilian I. im Jahre 1497 begann der Aufstieg der Stadt zu einem der bedeutendsten Handelsplätze in Deutschland.

The town developed into one of the country's main economic and cultural centres because of its trade routes. After the establishment of a town in about 1165, trading activity increased. As early as the 12th century there was an Easter and Michaelmas fair. In 1458 a New Year Fair was established, too. After Emperor Maximilian I granted the right to hold an Imperial Fair in 1497, the city grew into one of the most important commercial centres in Germany. The city of Leipzig soon outstripped even Frankfurt am Main, becoming known as the Market Place of Europe.

Grâce à ces voies de commerce la ville est devenue un centre économique et culturel en Allemagne. Après la fondation de la ville aux environs de 1165, les activités marchandes se développèrent de façon accrue. Dès le 12ème siècle une foire de Pâques et une foire de la Saint-Michel favorisèrent le commerce. La foire du Nouvel An s'y ajouta en 1458. Lorsque l'empereur Maximilien Ier dota la ville du privilège de «foire impériale» en 1497, la ville devint l'un des carrefours commerciaux les plus importants d'Allemagne.

Jena ist die Wiege der feinmechanischen Industrie und der Glasindustrie. Carl Zeiss, Ernst Abbe und Otto Schott ist es zu verdanken, dass die in Jena gefertigten wissenschaftlichen Präzisionsgeräte Weltruhm erlangten. Das Zusammenwirken von Wissenschaft und Technik bestimmt die Entwicklung der Stadt bis in unsere Zeit. Seid 1558 ist Jena ein begehrter Studienort. Hier schlossen Goethe und Friedrich Schiller Freundschaft, sie waren bedeutende Förderer der Universität. Im Saaletal gelegen, liegt Jena in einer der wärmsten und reizvollsten Landschaften Thüringens.

Jena is regarded as the cradle of the glass industry and the precision-engineered optical industry. Thanks to the pioneering work of Carl Zeiss, Ernst Abbe and Otto Schott precision instruments manufactured in Jena have become world famous and the collaboration between science and technology has proved a decisive factor in the growth of Jena until our own time. Since 1558 Jena is an in demand study place. Here Goethe's and Friedrich Schiller's friendship closed, they were important promoters of the university. Jena lies in one of the warmest and delightful landscapes of Thuringia.

Jena est le berceau de l'industrie du verre et de l'optique. La ville est aujourd'hui mondialement connue pour sa fabrication d'appareils de haute précision, grâce aux grands industriels et précurseurs Carl Zeiss, Ernst Abbe et Otto Schott. La collaboration de la science et de la technique a déterminé le developpement de la ville jusqu'à nos jours. Depuis 1558 a lieu léna a dans l'endroit d'étude de demande. Ici l'amitié de Goethe et de Friedrich Schiller s'est fermée, ils étaient les instigateurs importants de l'université.

Als Wahrzeichen der Stadt gilt das berühmte „Goethe-Schiller-Denkmal", das der Bildhauer Ernst Rietschel 1857 fertigstellte, vom „Vaterland gestiftet". Es steht vor dem Deutschen Nationaltheater – an der Stelle, an der schon früher ein Theaterbau stand. Dort wurden auf Geheiß Goethes viele Dramen Schillers uraufgeführt. – „Bilderbuch der deutschen Geschichte", so hat Arnold Zweig die Stadt Erfurt genannt. Der Mariendom und die Severikirche auf dem Domberg bilden die Wahrzeichen der heutigen Landeshauptstadt von Thüringen.

WEIMAR–Thuringia Capital ERFURT ▷

The town's best-known landmark is the famous "Goethe-Schiller" memorial, erected in 1857. The statue stands in front of the National Theatre, where in 1919 Germany's first democratic constitution was drawn up. The year not only marked the city of Weimar. – "A picture-book of German history" is how the author Arnold Zweig described the city of Erfurt. Erfurt is now the capital of the state of Thuringia.

WEIMAR–Thuringe Capitale ERFURT ▷

Le symbole de la ville riche en monuments est le célèbre ensemble de «Goethe-Schiller», réalisé en 1857 par le sculpteur Ernst Rietschel et dédié par la «Mère patrie». Le monument se dresse devant le Théâtre national, à l'emplacement d'un théâtre détruit depuis et où eurent lieu de nombreuses premières des pièces de Schiller sur les instances de Goethe. – L'écrivain Arnold Zweig a appelé Erfurt: «Le livre d'images de l'histoire allemande». La cathédrale et l'église St-Séverin sont les symboles de la capitale actuelle de la Thuringe.

Die Wartburg ist die Burg der Deutschen schlechthin. In der Dichtkunst erlebte sie ihre Glanzzeit unter Hermann I., welcher an seinem Hof Berühmtheiten der Minne, wie Walther von der Vogelweide und Wolfram von Eschenbach versammelte. Hier soll auch der legendäre Sängerkrieg stattgefunden haben. – Die 250 Meter lange Kaskadentreppe in Kassel, überragt von dem Oktogon mit einem mehr als neun Meter hohen farnesischen Herkules, endet am sehr dekorativen Neptunsbrunnen. Man blickt auf das Schlossmuseum Wilhelmshöhe und die Stadt Kassel.

The 11th century Wartburg is the archetypal German castle, rich in history and legend and with more visitors than almost any other castle in Germany. It was here that medieval minnesingers like Walther von der Vogelweide and Wolfram von Eschenbach met, and the tale of the song contest in the Wartburg was immortalized by Wagner in his opera "Tannhaeuser". – The 250 metre cascade projects above the octagon with a Farnesian Hercules, and terminates in a extremely decorative Neptune Fountain. There is a view to the Palacemuseum Wilhelmshoehe and the city of Kassel.

La Wartburg connut son apogée à l'époque de la poésie lyrique appelée «Minnesang». Hermann Ier réunit à sa cour des troubadours célèbres tels Walther von der Vogelweide et Wolfram von Eschenbach. – La cascade longue de 250 mètres à Kassel qui forme un escalier géant de 885 marches est dominée par un octogone couronné d'un Hercule Farnèse de plus de neuf mètres de hauteur et se termine à la très jolies fontaine de Neptune. Il y a une belle vue sur le château et museé Wilhelmshoehe, et la ville de Kassel.

Die Wartburg ist die Burg der Deutschen schlechthin. In der Dichtkunst erlebte sie ihre Glanzzeit unter Hermann I., welcher an seinem Hof Berühmtheiten der Minne, wie Walther von der Vogelweide und Wolfram von Eschenbach versammelte. Hier soll auch der legendäre Sängerkrieg stattgefunden haben. – Die 250 Meter lange Kaskadentreppe in Kassel, überragt von dem Oktogon mit einem mehr als neun Meter hohen farnesischen Herkules, endet am sehr dekorativen Neptunsbrunnen. Man blickt auf das Schlossmuseum Wilhelmshöhe und die Stadt Kassel.

The scenic gateway to Westfalia is situated in the Weser valley country between the Weser Uplands and the Wiehen Mountains. The monument to Emperor William on top of the Wittekind is visible from far and wide, and once you've passed through the Porta Westfalica you enter the core region of the old Germanic tribes, the Teutoburger Forest. – Muenster can trace its history back to 800 A.D. when, as its name indicates, a minster was founded here not far from the present cathedral. Behind the cathedral runs the ancient Prinzipalmarkt.

«Porta Westfalica» nous permettant de découvrir les paysages de Westphalie, est située dans la trouée de la Weser, entre la région montagneuse de la Weser et les montagnes du Wiehen. Au sommet de la montange Wittekindsberg, on apercevra encore l'énorme monument de l'empereur Guillaume. Après avoir passé la Porta Westfalica, on se trouvera en plein de cœur de la région où résidaient les anciennes tribus germaines, dans la forêt du Teutoburger Wald.– La cathédrale de style roman à Muenster, la plus grande de Westphalie, récupéra ses ouailles.

„Porta Westfalica" – das landschaftliche Tor zu Westfalen – liegt im Wesertal zwischen dem Weserbergland und dem Wiehengebirge. Auf dem Wittekindsberg steht das weithin sichtbare Kaiser-Wilhelm-Denkmal, und wenn man die Porta Westfalica passiert hat, kommt man in das Kerngebiet der früheren Germanenstämme, den Teutoburger Wald. – Geistliches Zentrum in Münster wurde wieder der romanische Dom, der größte in Westfalen. Die Läden um den Prinzipalmarkt sind wie eh und je beliebt zum Flanieren.

The Romans established an important settlement here which they called "Colonia Ulpia Traiana". Today more and more of the ancient Roman ruins are being excavated and presented to the public in the Archaeological Park. The almost completely documented history of the construction of the Cathedral of St. Victor is unique. In 1263, Friedrich von Hochstaden laid the foundation stone for the colossal Romanesque-gothic structure which rises far above the landscape of the Lower Rhine.

L'endroit où les martyrs étaient enterrés s'appelait «Ad Sanctos» qui devint Xanten dans la langue populaire. La ville est plus ancienne que son nom puisqu'elle se nommait «Colonia Ulpia Trajana» du temps des Romains. Aujourd'hui, la Xanten romaine est peu à peu extirpée de la terre et exposée dans le parc archéologique. L'histoire de la construction de la cathédrale St. Victor est unique car elle est quasiment entièrement documentée. En 1263, Frédéric de Hochstaden pierre de cette construction romano-gothique imposante, qui s'élèvera bien au-delà du paysage de Basse-Rhénanie.

Die Hauptstadt von Nordrhein-Westfalen, des volkreichsten Landes der Bundesrepublik, heißt Düsseldorf und ist zugleich auch das Tor zum Bergischen Land, das weniger so heißt, weil es gebirgig ist, sondern weil es damals das Stammland der Grafen zu Berg war. Auf dem Platz vor dem Rathausplatz wurden im Mittelalter Ritterturniere abgehalten. Heute wird er beherrscht von dem Denkmal des Jan Wellem. Wo heute am Rheinufer noch der alte runde Schlossturm steht, wurde im 16. Jahrhundert die bereits vorhandene Burg zu einem Schloss umgebaut.

The capital city of North Rhine Westphalia, the most densely populated state of the Federal Republic, is called Duesseldorf and it is the gate to the Bergische Land which is called that less for the fact that it is mountainous but because it was the home of the Count of Berg. Knights' tournaments used to be held on the square in front of the Town Hall. Today it is dominated by the monument of Jan Wellem. Where there is today the old round Palace Tower on the banks of the Rhine, the fortress which already existed in the 16th century was converted into a palace.

Duesseldorf, la capitale de la Rhénanie-du-Nord-Westphalie, Land le plus peuplé d'Allemagne, est aussi la porte d'entrée du Bergisches Land, qui se nomme ainsi non pas tant parce qu'il est montagneux, mais parce que c'était le pays d'origine des comtes de Berg. Sur la place devant l'hôtel de Ville, des tournois de chevaliers étaient organisés pendant le Moyen-Âge. Aujourd'hui, cette place est dominée par une statue de Jan Wellem. A l'endroit où se situe aujourd'hui l'ancienne tour ronde du château, le château fortifié déjà existant a été transformé en palais au 16ème siècle.

„Ad Sanctos" hieß die Stelle, wo die Märtyrer begraben waren. Der Volksmund machte daraus „Xanten". Die Stadt war freilich älter als ihr Name, zur Zeit der Römer hieß sie noch „Colonia Ulpia Traiana". Heute wird das römische Xanten nach und nach ausgegraben und im „Archäologischen Park" der Nachwelt vorgestellt. Einzigartig ist die fast vollständig dokumentierte Baugeschichte des Domes St. Viktor. 1263 legte Friedrich von Hochstaden den Grundstein für den gewaltigen romanisch-gotischen Bau, der sich weit über der niederrheinischen Landschaft erheben sollte.

Cologne is still the secret capital of the Rhineland. Founded by the Romans and known in the middle ages as "Holy Cologne", down the centuries it developed into the most powerful city north of the Alps. In 1248 the Archbishop laid the foundation stone of the present cathedral of St Peter. It was to be on a grand scale and a fitting home for the shrine of the three kings which had, after many adventure, found its way to Cologne. Relics were a medieval status symbol and the prestigious remains of the Wise Men attracted innumerable pilgrims.

Grande ville rhénane demeure Cologne, la «Sainte Cologne», comme on l'appelait au Moyen Age. Au cours des siècles, la Colonia romaine était devenue la ville la plus puissante au nord des Alpes. Le jour de L'Assomption en 1248 Konrad von Hochstaden posa la première pierre de la cathédrale gotique aujourd'hui. Ici on trouve les reliques des Rois mages apportées à Cologne en 1164 par l'archevêque Reinald von Dassel. – La reliquaire au-dessus du maître-autel de 1181-1230 est un chef-d'œuvre de l'orfèvrerie.

BRÜHL, Schloss Augustusburg

Das „Heilige Köln", wie es im Mittelalter hieß, ist immer noch die heimliche Hauptstadt am Rhein. Aus dem römischen Colonia wurde im Laufe der Jahrhunderte die mächtigste Stadt nördlich der Alpen. An Mariä Himmelfahrt (15. August 1248) legte Konrad von Hohenstaden den Grundstein zum gotischen Dom von heute. Anlass dazu gaben die Reliquien der Heiligen Drei Könige, 1164 von Erzbischof Reinald von Dassel nach Köln gebracht, mit dem Köln zur Wallfahrtsstätte aufstieg. – Ein Meisterwerk der Kölner Goldschmiede bleibt der Dreikönigsschrein über dem Hochaltar (1181- 1230).

BRUEHL, Augustusburg Palace

The Palace of Augustusburg and the hunting lodge Falkenlust in Bruehl are today a unique example of a preserved complete work of art from the Rococo period in Germany. Clemens August von Wittelsbach, the Elector and Archbishop of Cologne (1700-1761), had Augustusburg erected on the remains of a castle built in water from the Middle Ages. The baroque garden is one of the most authentic in Europe. The choice of the construction site for the summer residence Falkenlust was decided by the flight path of the herons to their fishing grounds in the Old Rhine area, they were the preferred booty birds for the falconry.

BRUEHL, Château Augustusburg

Le château d'Augustusburg et le pavillon de chasse Falkenlust à Bruehl, sont les exemples d'un chef d'œuvre préservé unique du rococo en Allemagne. Clément Auguste de Wittelsbach, prince-électeur et archevêque de Cologne (1700-1761), a fait construire Augustusburg sur les ruines d'un château entouré d'eau du Moyen-Âge. Les jardins de style baroque sont parmi les plus authentiques d'Europe. Le choix de l'endroit de la construction du pavillon des plaisirs Falkenlust, a été fait en fonction de la trajectoire des hérons de la chasse.

Aachen, die westlichste Stadt Deutschlands im Dreiländereck zu Belgien und den Niederlanden. Die Stadt mit Tradition und Fortschritt wurde durch bedeutende Kulturdenkmäler aus der Zeit Karls des Großen geprägt. Von 768-814 war Aachen der Lieblingsort Karls des Großen und somit Zentrum des Reiches. 600 Jahre lang wurden hier im Dom die deutschen Könige gekrönt. Schon die Römer schätzten vor zwei Jahrtausenden die heißen Thermalquellen und siedelten hier. Die Hochschul- und Kurstadt hat eine kulturelle Vielfalt zu bieten und lädt ein zum Bummeln und Flanieren.

Aachen, Germany's westernmost town, stands on the borders of Belgium and The Netherlands. Here technological advance and ancient traditions mix with many notable monuments dating from Charlemagne's time. From 768 to 814 Aachen was Charlemagne's favourite residence and the heart of his empire, and for 600 years German monarchs were crowned in the cathedral. Aachen's origins go back 2000 years, when Romans settled around its hot, healing springs. Visitors will enjoy the cultural diversity and leisurely, inviting atmosphere of this famous spa and university town.

Aix-la-Chapelle est la ville la plus occidentale d'Allemagne, située aux frontières de la Belgique et des Pays-Bas. Ville mariant la tradition et le progrès, elle est surtout associée à l'époque de Charlemagne de laquelle elle a conservé d'importants monuments historiques. Résidence préférée de Charlemagne de 768 à 814, elle devint le centre de l'Empire. Durant 600 ans, les souverains allemands furent couronnés dans la cathédrale d'Aix-la-Chapelle. Il y a 2000 ans, les sources thermales étaient déjà appréciées des Romains qui fondèrent ici une colonie.

EIFEL, die drei Maare bei Daun

Schloss Augustusburg und das Jagd-schloss Falkenlust in Brühl sind heute Beispiel eines einmalig erhaltenen Gesamtkunstwerkes des Rokoko in Deutschland. Clemens August von Wittelsbach, Kurfürst und Erzbischof von Köln (1700-1761), ließ Augustus-burg auf den Resten einer Mittel-alterlichen Wasserburg errichten. Die barocke Gartenanlage ist einer der authentischsten in Europa. Die Wahl des Bauplatzes für das Lustschloss Falkenlust entschied die Flugbahn der Reiher zu ihren Fischgründen im Altrheingebiet, es waren bevorzugte

EIFEL, the three maars near Daun

Before nearly 9000 years there was a high vulcanic activity in the Eifel, which created a number of maars. Many of them were refilled by water. The three maars near Daun, the Gemuendener Maar, the Weinfelder Maar or Totenmaar and the Schalkenmehrener Maar, are a unique volcanic phenomenon. These three lakes with their crystal clear water came into being in the craters of ex-tinct volcanoes and are indeed, as a poet once called them, "the eyes of the landscape".

EIFEL, les trois lacs volcaniques

Il y a presque 9000 ans que se sont créés un grand nombre de lacs dans l'Eifel par une haute activité volca-nique. Beaucoup se sont remplis par de l'eau. Des paysages volcaniques, nous offrant des tableaux uniques en leur genre, sont les trois lacs situés à proximité de Daun: le Gemuendener Maar, le Weinfelder Maar ou Totenmaar et le Schalken-mehrener Maar.

Gerade die vergangenen zehn Jahre haben Bonn so grundlegend verändert wie kaum ein Jahrzehnt zuvor. Der Strukturwandel vom Sitz des Bundestages und der Bundesregierung zum modernen Dienstleistungsstandort ist geglückt. Als früherer Regierungssitz, als Stadt der Diplomatie und der politischen Begegnungen, hat Bonn reichhaltige internationale Erfahrungen gesammelt. Entstanden ist eine Kultur des Meinungs- und Interessenausgleichs, die ihresgleichen sucht. Die Bundesstadt hat sich zu einem Zentrum internationaler Kooperation und Vernetzung entwickelt.

Just the last ten years have changed Bonn more basically than scarcely any decade before. The structural change from being the seat of the Bundestag and the federal government to a modern services location has succeeded. As the earlier seat of government, as the city of diplomacy and political encounter, Bonn gained a wealth of international experience. This also led to a balance of opinion and interests which is second to none. The federal city has developed into a centre of international cooperation and networking.

Bonn a connu un changement radical ces dix dernières années. L'ancien siège du Parlement et du gouvernement s'est restructuré avec bonheur en une ville moderne de prestations de services, abritant également divers organismes supranationaux. Capitale pendant des années, ville de la diplomatie et des rencontres politiques, Bonn a accumulé maintes expériences au niveau international. Elle les a mises en oeuvre pour développer une identité culturelle incomparable qui en a fait une cité cosmopolite très active, centre de coopération et d'échanges internationaux.

Beutevögel auf der Falkenjagd.
Vor etwa 9.000 Jahren gab es in der Eifel starke Vulkantätigkeit, woraus hier eine Vielzahl von Maaren (Vertiefungen) entstanden sind. Davon haben sich viele mit Grundwasser aufgefüllt. Ein einzigartiges vulkanisches Landschaftsbild sind die drei Maare bei Daun. Das Gemündener Maar, das Weinfelder- oder Totenmaar und das Schalkenmehrener Maar. Die klaren Seen in den erloschenen Vulkanen sind in der Tat, wie es ein von der Eifel begeisterter Dichter einmal ausdrückte, „die Augen der Landschaft".

Without doubt, one of the most beautiful places in the Saarland is the Ludwigsplatz, with the Ludwig church and the surrounding palaces. This inspired ensemble was built on the orders of Prince Wilhelm Heinrich of Nassau-Saarbruecken and was designed by the Berlin architect Stengel. From here, a splendid boulevard runs over the Saarbridge to St Johann and the Roman Catholic counterpart to the Protestant Ludwigskirche, the basilica of St Johann.

La Ludwigplatz, bordée d'hôtels particuliers du 18e siècle et la Ludwigskirche, remarquable église baroque vouée au culte protestant, constituent un des plus beaux ensembles architecturaux de la Sarre, réalisé par l'architecte berlinois F.J. Stengel pour le prince Guillaume-Henri de Nassau-Sarrebruck. Une avenue magnifique datant de la même époque franchit la Sarre et conduit à la basilique Saint-Jean (culte catholique), due également à Stengel.

Zweifellos zum Schönsten im Saarland gehört der Saarbrücker Ludwigsplatz mit der Ludwigskirche und den um den Platz gruppierten Palais'. Fürst Wilhelm Heinrich von Nassau-Saarbrücken hat dieses geniale Ensemble vom Berliner Baumeister Stengel errichten lassen und dazu die Prachtstraße, die über die Saarbrücke bis nach St. Johann führte – zum katholischen Pendant der evangelischen Ludwigskirche, der Basilika St. Johann.

Where the Eifel ends, we find Trier, called Augusta Treverorum after the Romans defeated the Celts. The strategic importance of the town as a ford on the Moselle grew immensely when they managed to construct the first bridge across the river in 17 BC. Trier became a powerful trading centre and remained one over the centuries down to the present day. The Porta Nigra, the fort-like "black gate" was built about 1800 years ago as one of four gateway castles in the Roman city wall.

Trèves, portant le nom de «Augusta Treverorum» après la victoire de César sur les celtes, est située aux portes de l'Eifel. L'importance stratégique de la ville prit des dimensions immenses lorsque la Moselle fut franchie pour la première fois en l'an 17 avant Jésus-Christ. Trèves devint une place de commerce importante et l'est restée jusqu'à aujourd'hui. Il y a environ 1800 ans, la Porta Nigra, «porte-forteresse noire du nord» fut construite dans les fortifications romaines parmi les trois autres portes.

COCHEM / Mosel   BURG ELTZ

Wo die Eifel endet, liegt Trier, das römische Augusta Treverorum, seit Cäsar hier die Kelten unterworfen hatte. Die strategische Bedeutung der Stadt an der Moselfurt wuchs ins Immense, als hier im Jahre 17 vor Christi Geburt der erste Brückenschlag über die Mosel gelang. Trier wurde zum mächtigen Handelsplatz und ist es über die Jahrhunderte geblieben. Die Porta Nigra, das festungsartige „Schwarze Nordtor", wurde vor etwa 1800 Jahren als eine der vier Torburgen in der römischen Stadtmauer errichtet.

COCHEM / Mosel   CASTLE OF ELTZ

Since the left side of the Rhine has been annexed to the Roman Empire, the region around the Mosel was also roman. Trier became the seat of government of the Roman West Empire in the year 300. On the border of the Mosel lies Cochem with its castle of the same name. – The castle of Eltz is a particularly splendid example of castle architecture in the Eifel region. It has remained almost completely intact. The steep hill offered only a limited area, so the architects designed a particularly high castle. Since 1157 Eltz Castle has been in the possession of one family.

COCHEM / Mosel   CHÂTEAU D'ELTZ

La partie gauche du Rhin ainsi que la région de la Moselle ont été annexé à l'empire romain il y a 2000 ans. En l'an 300 Trier devint siège de gouvernement de l'empire romain ouest. Au bord de la Moselle se trouve Cochem avec son château avec le même nom. – Le château d'Eltz, qui n'a jamais vraiment subi de dommages, est un bel example de construction de château dans le Sud de l'Eifel. Le château se dresse en hauteur sur une colline raide de l'étroite vallée de l'Elz. Le château est la propriété de la famille Eltz depuis 1157. Elle celle-ci y habite encore.

Seitdem die linksrheinische Seite vor ca. 2000 Jahren dem Römischen Imperium einverleibt wurde, gehört auch das Moselgebiet dazu. Um 300 wurde Trier zum Regierungssitz des Römischen Westreiches. An der Mittelmosel liegt Cochem mit der mittelalterlichen gleichnamigen Burg. – Die Burg Eltz ist ein besonders schönes Beispiel für den Burgenbau in der Eifel. Sie wurde nie zerstört. Was der steile Hügel im engen Tal Elz nicht gewährte, das suchten die Erbauer in der Höhe. Seit 1157 ist Burg Eltz im Besitz der Familie gleichen Namens. Mehrere ihrer Linien wohnen heute in der Burg zusammen.

The menacing 11th century fortress of Ehrenbreitstein looks down upon the "Deutsches Eck", the confluence of Rhine and Moselle. The Romans built a fort here, the "Confluentes", from which the modern name of Koblenz derives. In 1897, a large stone statue of Kaiser Wilhelm I was erected on this site but it was destroyed and only the base can still be seen standing rather inconclusively above the two rivers. The arched Moselle bridge, like many of the buildings in Koblenz, is a stately inheritance of the Middle Ages. The clifftop fortress of Ehrenbreitstein was often extended.

C'est là, au pied de la forteresse d'Ehrenbreitstein que la Moselle coule dans le Rhin. Les Romains y avaient déjà un fort qu'ils appelaient «Confluentes» car il s'étendait à la jonction des deux cours d'eau. Ce fort devint Coblence qui prit de l'ampleur grâce à son emplacement. Le prince-électeur de Trèves, Clemens Wenceslas von Sachsen, établit même sa résidence sur le Rhin, dans le «Kurfuerstliches Palais» ou château électoral, construit de 1778 à 1787 par deux architectes français. La forteresse d'Ehrenbreitstein se dresse juste en face depuis le deuxième siècle.

MARKSBURG bei Braubach am Rhein

„An den Rhein, an den Rhein, zieh nicht an den Rhein, mein Sohn, ich rate dir gut..." - So schrieb der Dichter und Professor Karl Simrock im vergangenen Jahrhundert. Er hat sich aber selbst nicht daran gehalten, hat „Haus Parzival" gebaut am Rhein, und er hat es auch gar nicht so gemeint, denn das Lied fährt später fort: „Da geht dir das Leben zu lieblich ein, da blüht dir zu freudig der Mut." Im Mittelalter hatte der Rhein strategische Bedeutung, hier konnte man leicht Zoll kassieren und deshalb säumen ihn so viele Burgen.

MARKSBURG near Braubach, Rhine

"Mark my words well, my son. Do not go and live by the Rhine." But 19th century poet Karl Simrock, who built "Parsifal House" by the Rhine, ignored his own advice which was meant a bit tongue-in-check anyway. "Life there will be too sweet for you", the poem continues, "and boldness will blossom too readily in you." In the Middle Ages the Rhine was of strategic importance. On this stretch of the river it was easy to collect duties. That is why it is lined by so many castles.

MARKSBURG dans Braubach, Rhin

«Sur le Rhin, sur le Rhin, ne viens pas y demeurer, mon fils, c'est un conseil que je te donne...» écrivait au siècle dernier le poète Karl Simrock. Il ne suivit pas ce conseil lui-même car il fit bâtir «Haus Parzival» sur le fleuve et sa chanson continue ainsi: «La vie y devient bien trop douce, le cœur se dilate trop joyeusement.» La région du Rhin a toujours attiré les hommes et les châteaux qui la parsèment, témoignent de l'importance stratégique qu'elle avait au Moyen Age.

Der 132 Meter hohe Schieferfelsen Loreley – vorne rechts im Bild – war ein sicherer Zufluchtsort. Eine Burg hat es hier nie gegeben, auch kein blondes Weib, das mit Kämmen und Gesang die Schiffer ins Verderben zog. Vielmehr waren es die Klippen und Strömungen, die für die Schiffer mit ihren kleinen Booten gefährlich waren. – Das schöne Städtchen Bacharach bei Burg Stahleck hat nach dem Wein sogar seinen Namen: Bacchiara hieß es in der Römerzeit. Im 14. Jahrhundert bekam der Weinort Stadtrecht und ringsum eine Mauer, die noch gut erhalten ist.

The 400 ft high slate cliff is the notorious Loreley, home of the blonde maiden whose song lured the sailors of the Rhine to a watery grave. The dangers of the massive crag were real, the mysterious maiden is pure invention. The cliffs and the currents were rather dangerous for the sailors and their boats. – The charming little town of Bacharach near Stahleck castle even takes its name of Bacchus, the Roman god of wine. Bacharach was granted its town charter in the 14th century.

A l'arrière plan, le rocher de la Loreley, haut de 132 mètres n'a jamais été habité par une sirène qui chantait en peignant ses longs cheveux blonds. C'étaient plutôt les rochers et les courants qui étaient dangereux pour les marins et leurs bateaux. – La jolie petite ville de Bacharach près du château Stahleck doit même son nom au vin; Bacchiara, autel de Bacchus, disait-on à l'époque romaine. Ce fief du vin reçut les droits communaux et un mur d'enceinte au 14ème siècle.

NIEDERWALD-DENKMAL am Rhein

Die Seilbahnen befördern jährlich eine dreiviertel Million Ausflügler über berühmte Weinanlagen von Rüdesheim und Assmannshausen hinauf zum Niederwald-Denkmal. Die Monumentalstatue der Germania symbolisiert die Einheit des neuen Deutschen Reiches nach dem Deutsch-Französischen Krieg von 1870-71.

NIEDERWALD MEMORIAL / Rhine

Each year, the cable railway alone transports around three-quarter of a million holiday-makers over the famous vineyards to the Niederwald Memorial. The statue of Germania symbolises the unity of the new German Empire after the French-German War of 1870-71.

MONUMENT DU NIEDERWALD / Rhin

Le funiculaire transporte annuellement trois quarts de million de touristes au-dessus des vignobles réputés jusqu'au monument du Niederwald. La statue gigantesque de Germania symbolise l'union du nouvel Empire allemand après la guerre de 1870-71 entre la Prusse et la France.

Wiesbaden liegt in einer Mulde zwischen Taunus und Rhein. Das Schicksal der eleganten Stadt sind die Quellen (27 Natrium-Chloridthermen, 38 bis 67 Grad heiß). Die Badetradition ist seit Römerzeiten nachgewiesen. Wiesbaden ist hessische Haupt- und Kongressstadt. Auf den Rang einer Weltkurstadt hat sie aus eigenem Ermessen verzichtet, besitzt aber noch das Kurhaus sowie Anlagen und Kliniken und ist Standort der Klinik für Diagnostik. Das Kurzentrum liegt idyllisch nahe der City, und die Quellen sprudeln.

Wiesbaden lies in a hollow between the Taunus mountains and the Rhine. The fate of this elegant town lies in its springs (27 sodium chloride hot springs, at a temperature of 38 to 67 degrees Celsius). The tradition of taking the waters goes all the way back to the Romans. Wiesbaden is the Hessian capital and a convention centre. It has deliberately rejected the status of international health resort. However, the city still has the spa house and facilities as well as clinics, including a diagnostic clinic. The spa was removed to the outskirts of the town. The springs bubble on.

Wiesbaden s'étend dans une dépression de terrain entre le Taunus et le Rhin. Les sources ont scellé le destin de la ville élégante. Elles sont au nombre de 27 avec des eaux chlorurées sodiques à la température allant de 38 à 67 dégréés et étaient déjà utilisées par les Romains. Wiesbaden est la capitale de Hesse et une ville de congrès. Elle a renoncé à se hausser au niveau d'une ville d'eaux de réputation mondiale. Mais elle possède encore le Kurhaus de style Belle Epoque ainsi que des établissements thermaux et des cliniques modernes.

In Mainz hat Johannes Gutenberg um 1440 den Buchdruck mit gegossenen beweglichen Lettern erfunden. Die heutige Hauptstadt von Rheinland-Pfalz mit Sitz am linken Rheinufer liegt der hessischen Hauptstadt Wiesbaden direkt gegenüber. – Frankfurt am Main ist die größte Stadt in Hessen, nicht die hessische Hauptstadt, aber die lebendigste, fleißigste, kultivierteste und übermütigste Stadt im Land – Metropole und Wirtschaftsgigant im Ballungs-raum des Rhein-Main-Dreiecks. Frankfurt ist eine Stadt der Superlative.

At Mainz Johannes Gutenberg perfected his technique of printing books with movable metal type. Now it is the capital of the state of Rhineland-Palatinate. – Frankfurt am Main is the largest city in Hesse. It is not the Hessian capital, but it is the most vibrant, hard-working, cul-tured and boisterous city in the state – a metropolis and economic giant in the industrial region of the Rhine-Main Triangle. Frankfurt is a city of superlatives.

C'est à Mayence que Jean Gutenberg inventa l'imprimerie en 1440. La capitale de la Rhénanie-Palatinat est située sur la rive gauche du Rhin, juste en face de la ville d'eau de Wiesbaden. – Bien qu'elle n'en soit pas la capitale, Francfort sur le Main est la plus grande ville de Hesse. Elle est aussi la ville la plus animée, la plus culturelle, la plus progressive et la plus active du land. Elle est une métropole et une cite économique géante dans la région entre le Rhin et le Main.

Der alten Residenzstadt gegenüber liegt Würzburgs Festung Marienberg, wuchtig und uneinnehmbar auf einem Burgberg. Der Fürstbischof Julius Echter von Mespelbrunn ließ die wehrhafte Zitadelle zum Barockpalast erweitern. Auch Balthasar Neumann hat sich hier wie überall im fränkischen Barock verewigt. Weithin sichtbar sind die Türme vom Dom, Marienkapelle, Neumünster und Käppele. Mit der Alten Mainbrücke und der Festung wird das Stadtbild geprägt. Ein weiterer Glanzpunkt ist die Würzburger Residenz. In Würzburg haben sich viele weltberühmte Künstler ein Zeichen gesetzt.

Overlooking Wuerzburg is the mighty fortress of Marienberg. The prince-bishop Julius Echter of Mespelbrunn had the well-fortified citadel turned into a Baroque palace. Here, as in many other towns in Franconia, the Baroque architect Balthasar Neumann gained immortality through his magnificent work. The towers of the cathedral, Marienkapelle, new cathedral and Kaeppele, the old Main bridge and the fortress shaped visibly the townscape. A further point of gloss is the Wuerzburger residence. In Wuerzburg castle many world-famous artists set themselves an indication.

La Citadelle de Marienberg se dresse, puissante et imprenable, en face de la ville résidentielle de Wuerzburg. Le prince-évêque Julius Echter von Mespelbrunn fit transformer la citadelle fortifiée en palais de style baroque par l'architecte Balthasar Neumann qui construisit également la Résidence. Les tours de la cathédrale un Kaeppele, avec le vieux pont principal et la forteresse sharped visiblement le image de la ville. Un nouveau point de lustre est la résidence de Wuerzburg. Dans le Château de Wuerzburg beaucoup d'artistes monde-célèbres se sont placés un indication.

NÜRNBERG, Christkindlesmarkt

Auf dem Hauptmarkt vor der Frauen-kirche (erbaut um 1350) steht der „Schöne Brunnen" aus dem späten 14. Jh. Auf fränkische Klosterbrüder ist der Anfang der Lebkuchenbäckerei zurückzuführen, deren köstliche Pfefferkuchen und Honigkuchen die Vorläufer der Lebkuchen sind. In der Adventszeit kann man die herrlichen Düfte der Kuchenbäckerei auf dem weltberühmten Christkindlesmarkt mit all den anderen vorweihnachtlichen Eindrücken in sich aufnehmen.

NUREMBERG, Christmas Market

In 1509, the much-admired "Maennleinlauf" with its clockwork figures was added to the facade of the Frauenkirche, built around 1350. Outside the church on the main market square is the 14th century "Schoener Brunnen" (beautiful fountain). The origins of Nuremberg Lebkuchen go back to Franconian monks who were the first to produce a sort of gingerbread. The scent of gingerbread baking pervades the air of the famous pre-Christmas market.

NUREMBERG, marché de Noël

L'église Notre-Dame de style gothique fut construite vers 1350; l'horloge mécanique à personnages qui décore le pignon de la façade date de 1509. Le Schöner Brunnen, une fontaine haute de 19 mètres et ornée de 40 personnages, se dresse sur le Hauptmarkt depuis la fin du 14e siècle. Cette place accueille le célèbre marché de Noël (Christkindlesmarkt) qui a lieu tous les ans, à partir du 1er décembre. On y hume partout les odeurs délicieuses du pain d'épices, une spécialité de la région dont la recette fut inventée par les moines des cloîtres franconiens.

Rothenburg mit den Kirchen, Fachwerkhäusern und verwinkelten Gassen wurde zum Inbegriff der romantischen deutschen Stadt. Das Plönlein, das Kobolzeller Tor und die Rödergasse mit dem mächtigen Markusturm sind auch denen vertraut, die nie in Rothenburg gewesen sind. – Die weltberühmte Stadt Heidelberg am Austritt des Neckars aus dem Odenwald schmiegt sich an den Fuß des Königstuhls. Nach 1693 wiederaufgebaut und seitdem im Kern erhalten, gilt Heidelberg als die Stadt der Romantik. Das Schloss zählt zu den edelsten Beispielen deutscher Renaissance-Architektur.

Rothenburg, with its churches, half-timbered buildings and winding lanes, became the epitome of the romantic German town. The Ploenlein, the Kobolzeller gateway and the Roedergasse with its enormous Markusturm, are familiar sights to many, even to those who have never set foot in the town itself. – Rebuilt in 1693, and little changed since then, the centre of Heidelberg has become the epitome of a romantic town. The castle, rising above the rooftops of the old quarter, is regarded as one of the finest examples of German Renaissance architecture.

La ville pittoresque n'a presque pas changé depuis le Moyen Age. Avec ses églises, ses maisons à colombages, ses ruelles tortueuses, elle incarne parfaitement la ville romantique allemande. Même ceux qui n'ont jamais visité Rothenburg connaissent le carrefour du Plönlein avec le Sieberturm et la porte dite Kobolzellertor. – Considérée comme la ville du romantisme, Heidelberg fut reconstruite après 1693 et a conservé sa physionomie historique. Le château qui domine les toits de la vieille ville est un des plus beaux exemples de l'architecture Renaissance allemande.

Am 17. Juni 1715 legte der Markgraf Karl-Wilhelm den Grundstein für das Jagdschloss „Carlos Ruhe". Von hier aus führten 32 Schneisen strahlenförmig in den Wald. Inzwischen ist die Stadt vom Schloss bis an den Rhein gewachsen. Hier in Karlsruhe befindet sich heute auch das Bundesverfassungsgericht. – Das nahe Ludwigsburg wuchs langsam um das Schloss herum, das nach 1704 hier entstand als dritte württembergische Residenz neben Stuttgart und Tübingen. Es ist das gewaltigste Barockschloss, das sich auf deutschem Boden befindet.

On June 17, 1715 the Margrave Karl-Wilhelm laid the foundation stone for a hunting lodge which he called "Carlos Ruhe" – "Carlo's Rest". Today the town has spread from the palace down to the Rhine. The German constitutional court is also to be found in Karlsruhe. – Nearby lies the palace of Ludwigsburg, around which a town was laid out in 1704. New residents were easily attracted by the promise of free building sites and material, and 15 years without taxes.

Le 17 juin 1715, le margrave Charles-Guillaume posait la première pierre d'un château de chasse, le «Carlos-Ruhe» ou Repos de Charles. La ville aujourd'hui s'étend jusqu'au Rhin. Ici à Karlsruhe se trouve actuellement aussi le Tribunal Fédéral Constitutionel. – La ville de Ludwigsburg poussa lentement autour du château édifié à partir de 1704 pour devenir la troisième résidence wurtembourgeoise après Stuttgart et Tubingen. Le château est le plus grand ensemble d'art baroque sur le sol allemand.

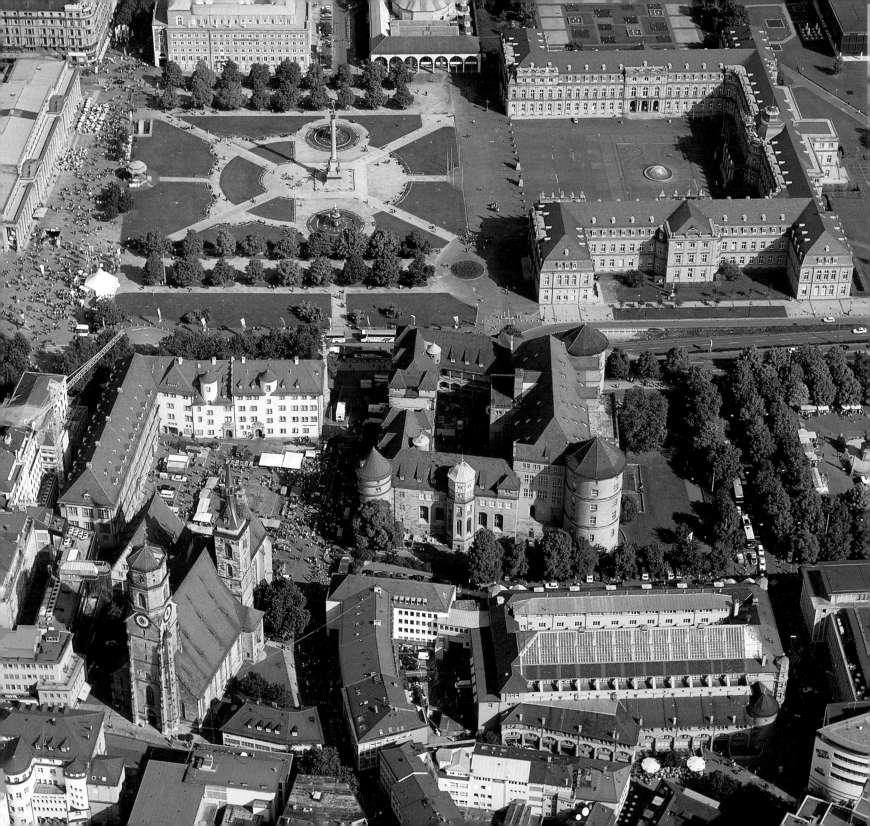

Das Land der Weingärtner, der Schwaben und der Badener gilt heute stolz als „Musterländle", führend in moderner Technologie. Auch die Landeshauptstadt umspannt diese scheinbaren Gegensätze: Stuttgart ist noch immer die drittgrößte Weinbaugemeinde im Südwesten und die Heimat des Automobilbaus. – Tübingen ist heute weniger als Residenz bekannt, sie gilt als Stadt der Dichter und Denker. Die Eberhard-Karls-Universität von 1477 hat eine Reihe von bedeutenden Gelehrten hervorgebracht: Hier las Melanchthon, und hier gab Ernst Bloch seine „Tübinger Einleitung in die Philosophie".

Stuttgart is still the third biggest wine-growing town in the South-west and is also a major car manufacturing centre. – Tuebingen is renowned for its venerable and highly-regarded university, and also for the number of famous Germans who have studied here. The picturesque streets of the old town lead down to the quiet River Neckar, where students can normally be found punting on hot summer days.

La contrée des vignobles, des Souabes et des Badois s'enorgueillit aujourd'hui d'être un «Land» modèle, à la tête de la technologie moderne. Stuttgart est à la fois le fief de construction automobile et la troisième ville viticole du Sud de l'Allemagne. – Tubingen est connue aujourd'hui comme la ville des poètes et des penseurs. Le poète Friedrich Hoelderlin y mourut en 1843. La tour qui fut sa dernière demeure est transformée en musée. La vieille université fondée en 1477 a compté le théologien Melanchthon et le philosophe Ernst Bloch parmi ses maîtres.

Seit niemand mehr die Preußenkrone trägt, krönt sie den schönsten Berg in Schwaben. Am Nordrand der Schwäbischen Alb steht die Burg Hohenzollern, der Stammsitz des alten Adelsgeschlechts, dessen brandenburgisch-preußische Linie nach 1871 alle deutschen Kaiser stellte. – Die große Waldregion im Rheinknick setzt sich zusammen wie ein Mosaik von Wäldern: Mauswald, Mooswald, Hotzenwald, Weißwald, Kohlwald, Zipfelwald, Berglewald und viele mehr. Bekannt sind sie alle unter einem Namen: Schwarzwald.

Hohenzollern, looking like a fairytale castle straight from Walt Disney, can be seen from miles around. It could be Snow White's palace with its Gothic towers and thickly wooded slopes falling away to all sides. But Snow White is certainly older than these walls, for the castle is nearly all of 19th century construction. It was the seat of the family of Hohenzollern, which produced all the German Emperors after 1871. – East of Lake Constance, the Rhine sweeps northwards in a great curve around the edge of the Black Forest, which is really a collective name for a myriad of small forests.

Depuis qu'elle n'est plus portée par un roi, la couronne de Prusse orne la plus jolie montagne de la Souabe. Le château de Hohenzollern, berceau de la lignée des Brandenbourgeois-Prussiens d'où sont sortis les empereurs allemands après 1871, est situé au Nord du Jura souabe. – La grande région boisée au coude du Rhin ressemble à une mosaïque de forêts: le Mauswald, Mooswald, Hotzenwald, Weisswald, Kohlwald et bien d'autres. Ces bois sont tous groupés sous un nom commun: la Forêt-Noire.

Wenn alle Menschen dieser Erde gleichzeitig in den Bodensee baden gingen, würde dieser nur um ganze zehn Zentimeter ansteigen, so groß ist der See, mit 539 Quadratkilometern nach dem Genfer See der zweitgrößte in Westeuropa. – Der exaltierte Bayernkönig Luwig II., eher ein Freund von Richard Wagner als ein Freund der Politik, ließ nach 1868 hier das Schloss Neuschwanstein errichten, „im echten Stil der alten Ritterburgen".

If all the people on this planet went for a swim in Lake Constance, the level would just rise ten centimetres – that is how vast the lake is. Covering an area of 539 square kilometres, it is the second biggest lake in western Europe. – The palace Neuschwanstein was commissioned in 1868 by King Ludwig II of Bavaria, an eccentric monarch who was more interested in the music of Richard Wagner than in politics. He ordered it to be built in the "style of the ancient German knights' castles".

De combien l'eau s'élèverait-elle, si tous les gens du monde allaient se baigner en même temps dans le lac de Constance? Vu la superficie du lac, 539 kilomètres carrés, elle monterait de 10 cm! Le lac de Constance est le deuxième lac d'Europe. – Louis II de Bavière, plus proche de Wagner que de la politique, fit ériger à partir de 1868 le château de Neuschwanstein «dans le vrai style des anciens châteaux des chevaliers allemands».

An Stelle eines einfachen alten Jagdhauses ließ sich Ludwig II. seitab von Ettal im Graswangtal zwischen 1870 und 1878 ein in den äußeren Dimensionen nicht sehr großes Schloss, bauen. Dieser ganz unzeitgemäße, im Rokokostil der Bourbonenkönige errichtete Bau wurde mit einem 50 Hektar großen Park umgeben. – Niemand bezweifelt, dass die Zugspitze mit 2963 Metern Deutschlands höchster Berg ist. Der Berg gehört aber zwei Ländern: über den Gipfel verläuft nämlich die Grenze zwischen Deutschland und Österreich.

Ludwig II of Bavaria built Linderhof in its 120-acre park between 1870 and 1878, on the site of his own humble hunting lodge. Linderhof in the Graswang valley near Ettal is a compact palace from the outside, designed in florid Rococo style in memory of Ludwig's favourite Bourbon kings. – No one doubts that the 2,963 metre Zugspitze is the highest mountain in Germany. Nevertheless, this is still a half-truth. The mountain actually belongs to two countries, for the border between Austria and Germany runs directly over the peak.

Dans la vallée de Graswang, près d'Ettal, Louis II fit construire un château petit mais fastueux, sur l'emplacement d'un ancien pavillon de chasse. L'édifice anachronique érigé entre 1870 et 1878 dans le style rococo des rois Bourbons, a un aménagement intérieur somptueux. – Tout le monde sait que la Zugspitze, haut de 2.963 mètres, est le massif culminant de l'Allemagne. Ce n'est pourtant qu'une demi-vérité car le massif appartient à deux pays: la frontière entre l'Allemagne et l'Autriche court le long de son pic.

MÜNCHEN, Blick zum Marienplatz ▷

Als Ludwig I. 1825 den Bayernthron bestieg, gelobte er, aus München eine Stadt zu machen, „die Teutschland so zur Ehre gereichen soll, dass keiner Teutschland kennt, wenn er nicht München gesehen hat". Unter ihm und Max II. entstanden die Prachtboulevards, die Ludwigstraße und das Maximilianeum, der heutige Sitz des bayerischen Landtages. Theodor Fontane sagte, München sei „die einzige Stadt, wo Künstler leben können". Zur Zeit des zweiten Ludwig lebten allein 7000 Bildhauer und Maler in der Musen-Metropole.

◁ MUNICH, view to the Marienplatz ▷

When Ludwig I became King of Bavaria in 1825, he vowed that he would turn Munich into a city "which would bring such distinction to Germany that no one could claim to know this country if he weren't acquainted with Munich". Under Ludwig I and his son Maximilian II, the city's magnificent boulevards, the Ludwigstrasse and the Maximilianstrasse were built, and also the Maximilianeum, today the seat of the Bavarian Parliament. In Ludwig II's time, there were no less than 7000 sculptors and painters living in this metropolis of the muses.

◁ MUNICH, vue vers la Marienplatz ▷

En montant sur le trône de Bavière en 1825, Louis ler promit de faire de Munich une ville qui «contribuerait tant à l'honneur de l'Allemagne que personne ne pourrait dire connaître le pays s'il n'avait pas vu Munich». C'est sous son règne et celui de Max II que naquirent les somptueux boulevards, la «Ludwigstrasse» et la Maximilian-strasse ainsi que le «Maximilianeum», siège actuel du Parlement bavarois. Théodore Fontane a affirmé de Munich «qu'elle était la seule ville où des artistes pouvaient vivre». 7000 sculpteurs et peintres y résidaient au temps de Louis II.

München, eine Traumstadt. "Ein deutsches Himmelreich" nannte der amerikanische Schriftsteller Thomas Wolfe die Stadt und Gottfried Keller seufzte: "Endlich bin ich angekommen in dem gelobten Land". Das Hofbräuhaus ist Wallfahrtsort der bayerischen Gemütlichkeit mit Bier, Brotzeit und Blasmusik. Die Schwemme im Erdgeschoss heißt so, weil früher der auf dem Boden gelandete Abfall der Zecher regelmäßig mit Wassergüssen hinausgeschwemmt wurde, wobei die Gäste brav die Füße gehoben haben, um nicht nass zu werden.

'A German heaven on earth' is how the American author Thomas Wolfe described the city of Munich, and the Swiss author Gottfried Keller sighed: 'At last I have arrived in the promised land'. The Hofbraeuhaus restaurant is a veritable shrine to the Gemuetlichkeit that epitomises the Bavarian way of life, with local beer, snacks and brass band music. The „Schwemme" (watering place) in the basement is so called because the floors were regularly swilled out with water to remove the revellers' refuse - whereby customers would obediently lift their feet to avoid getting wet.

Munich, une ville magique que l'écrivain américain Thomas Wolfe appelait «un paradis allemand» et dont le romancier suisse, Gottfried Keller, disait en soupirant: «Je suis enfin arrivé à la terre promise». Le Hofbraeuhaus est la plus célèbre parmi les grandes brasseries de Munich qui offre sa bière renommée et ses spécialités sur un fond de musique étourdissante. Le rez-de-chaussée est appelé le «Schwemme» (lieu inondé) parce qu'autrefois, on en nettoyait régulièrement le sol souillé par les chopes renversées à grands coups d'eau tandis que les clients levaient complaisamment les pieds.

Am Zusammenfluss von Wertach und Lech, auf einer Landzunge, hatten sich etwa um das Jahr 15 v. Chr. die Römer niedergelassen. Aus dieser Siedlung wurde später die Hauptstadt der ganzen raetischen Provinz. Im Mittelalter war die Stadt (zur Römerzeit hieß sie Augusta Vindelicorum) vor allem durch die Familien Fugger und Welser zu einer der mächtigsten Handelsstädte und zu einem finanziellen Zentrum Europas geworden. In der Bildmitte: die Kirche St. Ulrich und Afra.

In about 15 BC the Romans founded a military camp on a narrow strip of land at the confluence of the Wertach and the Lech. By the 1st century AD it had become the capital of the Roman province of Rhetia, Augusta Vindelicorum. The town retained its importance in the Middle Ages and the rise of the great merchant families of Fugger and Welser eventually made Augsburg one of the most influential of all the trading and financial centres in Europe. In the centre of the picture you see the Minster of St Ulrich and Afra.

Vers l'an 15 avant Jésus-Christ, les Romains s'établirent sur une étroite bande de terre au confluent de la Wertach et de la Lech. Leur camp, appelé Augusta Vindelicorum, devint plus tard la capitale de la province. Au Moyen Age, les puissantes familles Fugger et Welser firent de la ville un des plus grands centres de commerce et des finances d'Europe centrale. Au milieu de l'image: L'église St. Ulrich et Afra.

ULM, Dom   DONAUWÖRTH ▷

500 Jahre lang brauchten die Bürger der wohlhabenden Freien Reichsstadt Ulm, bis sie 1890 den Schlussstein am Turm ihres Münsters setzen konnten, dem mit 161 Metern Höhe größten Kirchturm der Welt – ein Meisterwerk alt- und neugotischer Steinmetzkunst. – Im schwäbischen Bayern, an der Donau bei der Mündung der Wörnitz entstand Donauwörth an der alten Reichsstraße Nördlingen-Donauwörth und war ein wichtiger Handelsplatz. Das Bild links zeigt das festlich geschmückte Donauwörth bei einem traditionellen Trachtenfest.

ULM, cathedral   DONAUWOERTH ▷

Ulm Minster has the highest church tower in the world, a masterpiece of Gothic and neo-Gothic stonemasonry. It took 500 years, until 1890, before the citizens of the wealthy free Imperial city could lay the final stone on the 539 ft. high spire. – Donauwoerth lies near the mouth of the river Woernitz on the old trade route from Noerdlingen to Donauwoerth. It was an important trade place. The photo on the left shows a traditional costume festival.

ULM, cathéral   DONAUWOERTH ▷

Il fallut 500 ans aux habitants de l'anciene ville libre impériale d'Ulm avant qu'ils ne posent la dernière pierre, en 1890, à la tour de leur cathédrale, qui avec une hauteur de 161 mètres, est la plus haute tour d'église du monde entier. – Donauwoerth est situé près de l'embouchure de la rivière Woernitz et sur l'ancienne route de commerce vers Noerdlingen. La photo à gauche montre une parade de costumes traditionaux.

Hoch über der Donau, knapp zehn Kilometer flussabwärts von Regensburg, legte König Ludwig I. am 18. Oktober 1830 den Grundstein für einen Ehrentempel, der dem Andenken ausgezeichneter Deutscher gewidmet sein sollte. In dem Bauwerk, das Leo von Klenze auch in den Ausmaßen dem Parthenon auf der Akropolis nachempfand, sind mehr als hundertfünfzig Rühmenswerte mit Portraitbüsten oder Marmortafeln geehrt. Wer diese deutsche Ruhmeshalle zu Fuß besuchen will, muss 366 Stufen erklimmen.

About ten kilometres upriver from Regensburg, in a spot high above the Danube, King Ludwig I of Bavaria laid the foundation stone for a Temple of Honour on October 18th, 1830. The temple was designed by Leo von Klenze and in size as well as shape it was modelled on the Parthenon. Walhalla was dedicated to the memory of Germany's most illustrious citizens and over 150 are honoured here, either with busts or with marble slabs. Those who wish to visit this Hall of Fame on foot must first ascend the 366 steps to the entrance.

Le 18 octobre 1830, le roi Louis I posait la première pierre de la Walhalla, un temple dorique en marbre blanc consacré aux grands hommes allemands. L'édifice qui se dresse au-dessus du Danube, à dix kilomètres en aval de Ratisbonne, a été construit par Leo von Klenze d'après le modèle du Parthenon sur l'Acropoles et renferme plus de cent cinquante bustes de grands hommes et des inscriptions sur plaques de marbre. Les visiteurs désireux de visiter la Walhalla devront auparavant grimper 366 marches.

Regensburg, die erste Hauptstadt Bayerns, war auf den Resten einer römischen Siedlung errichtet worden. Das eindrucksvolle Bauwerk dieser Stadt am Strom ist zweifellos der Dom St. Peter, an dem von etwa 1250 an gearbeitet wurde; die Turmhelme setzte man erst im 19. Jahrhundert auf. Um 1140 bereits baute man über die Donau die erste steinerne Brücke Europas - sie wird heute noch befahren. Von 1663 bis 1806 war Regensburg der Sitz des „Immerwährenden Reichtages".

Regensburg, the first capital of Bavaria, was built on the remains of a Roman settlement, Castra Regina. The English monk Boniface founded the diocese, and St Peter's Cathedral is certainly the most impressive building of the city. Work started on the cathedral in about 1250, though the spires were not added until the 19th century. In 1140 the Danube was spanned here by the first stone bridge in Europe, still in use. The first German parliament convened in Regensburg; known as the Permanent Diet, it sat from 1663 to 1806.

Ratisbonne ou Regensburg, la première capitale de la Bavière, a été fondée sur les vestiges d'un camp romain. Son monument le plus impressionnant est le Dôme St. Pierre. Sa construction commença en 1250, mais ses tours ne furent achevées qu'au 19e siècle. En 1140, le premier pont de pierre d'Europe franchissait le Danube à Ratisbonne et est encore utilisé aujourd'hui. De 1663 à 1806, la ville fut le siège de la Diète permanente du Saint-Empire que l'on peut considérer comme le premier Parlement du monde.

Blick auf die Dreiflüssestadt Passau mit dem Inn, dem barocken Stephansdom und der zwischen dem 13. und 17. Jahrhundert auf einem Bergrücken über Donau und Ilz erbauten Feste Oberhaus. Im Umkreis des Passauer Bischofshofes entstand wahrscheinlich um das Jahr 1200 das Nibe- lungenlied. – Die Majestät wünschte sich im Gebirge ein Schloss, das an Versailles erinnern und eine Huldigung an Ludwig XIV. sein sollte. Siebzehn Pläne waren gezeichnet und wieder verworfen worden, ehe König Ludwig II. den idealen Bauplatz auf der Insel Herrenchiemsee fand.

The photo of Passau, the town of three rivers, shows the river Inn, the Baroque Cathedral of St. Stephen with the world largest organ and the old stronghold of Oberhaus. The Nibelungenlied was probably written here in about 1200. – King Ludwig II of Bavaria desired nothing more than a palace in the mountains in honour of Versailles and his favourite monarch, King Louis XIV. Seventeen furile attempts were made to draw up plans for Ludwig's dream palace, until he eventually found the ideal spot, the Herreninsel in the Chiemsee.

Vue sur Passau, la ville au confluent de trois cours d'eau montrant la rivière Inn, le Dôme baroque St.Stephan et la forteresse d'Oberhaus construite aux 13e et 17e siècles sur une crête montagneuse au-dessus du Danube et de l'Ilz. C'est sans doute à la cour de l'évêché de Passau que fut créée la «chanson des Nibelungen» en 1200. – Sa majesté désirait un château dans les montagnes qui rappellerait Versailles et serait un hommage au roi Louis XIV de France. Dix-sept plans furent dessinés avant que le roi Louis II ne découvre l'endroit idéal sur l'île de Herrenchiemsee qu'il acheta en 1873.

KÖNIGSSEE – Bayern

Unter der steilen, für kletterstarke Alpinisten reizvollen Watzmannostwand liegt der acht Kilometer lange und zweihundert Meter tiefe Königssee mit dem auf einer Landzunge gebauten Kirchlein von St. Bartholomä.

KOENIGSSEE – Bavaria

The precipitous east face of the Watzmann is recommended only for experienced Alpine climbers. It rises sheer out of the Koenigssee, which is 8 kilometres long and 200 metres deep. The little pilgrimage church of St. Bartolomew stands in a picturesque setting on a peninsula overlooking the lake.

KOENIGSSEE – la Bavière

Sous le paroi est du Watzmann, une ascension appréciée des alpinistes entraînés, s'étend le lac de Kœnigssee long de huit kilomètres et profond de deux cents mètres avec la petite église St. Bartolomae bâtie sur un promontoire.

Alphabetisches Ortsregister / Alphabetical local register / Registre local alphabéti

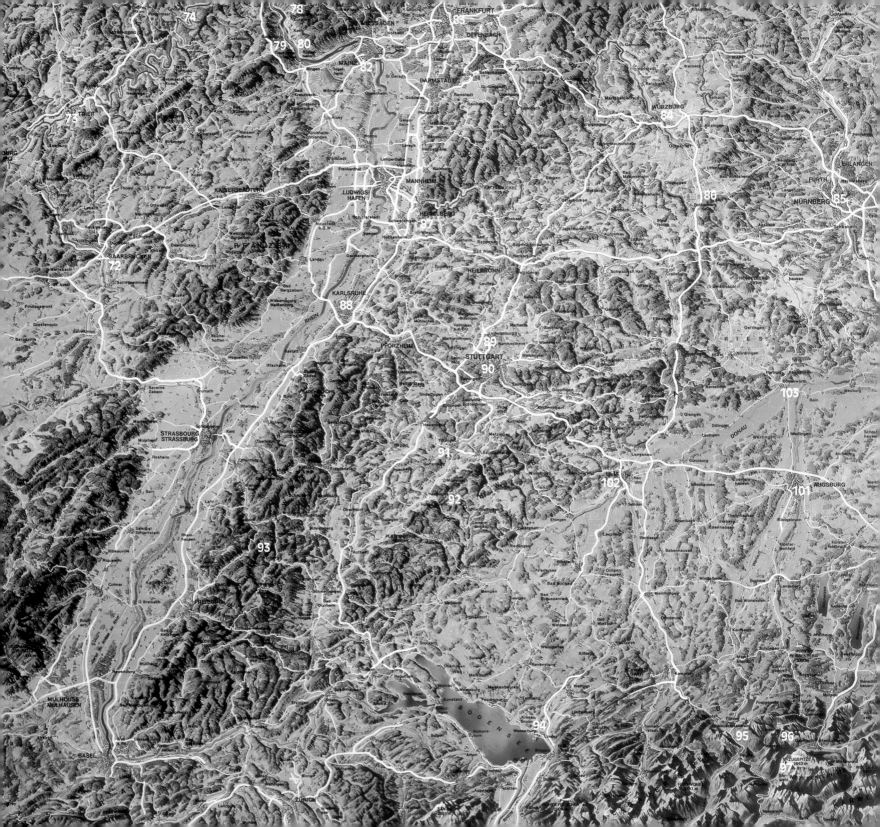